Indice generale

INTRODUZIONE

Il testo si concentrerà su un'analisi approfondita della regolamentazione etica delle tecnologie emergenti, un tema di cruciale importanza per il futuro della nostra società. Verranno esplorate le storie di leadership giovanile, mettendo in luce il ruolo fondamentale che i giovani svolgono nell'influenzare e guidare cause di giustizia sociale e di cambiamento positivo. Particolare attenzione sarà dedicata all'intersezione tra innovazione culturale e digitale, analizzando in che modo le nuove tecnologie stiano ridefinendo i confini dell'espressione artistica e creativa. Un focus rilevante riguarderà l'impatto delle nuove tecnologie sulla salute mentale e sul benessere dei giovani. Verranno discusse le sfide e i rischi associati all'eccessiva esposizione al mondo digitale, ma anche le strategie e gli approcci per raggiungere un sano equilibrio tra vita online e offline. Esperti e professionisti del settore offriranno orientamenti e soluzioni concrete per promuovere il benessere psicologico delle nuove generazioni. Alla fine di questo percorso, il lettore avrà acquisito una visione ampia e approfondita sul ruolo cruciale che i giovani di oggi ricoprono nel plasmare il nostro presente e il nostro futuro. Saranno evidenziate le loro capacità, il loro spirito innovativo e la loro determinazione nel riscrivere le regole del gioco, mettendo in atto azioni concrete per affrontare le sfide più urgenti della nostra epoca. Questo libro rappresenterà un'opportunità unica per riflettere sul potenziale inesplorato della gioventù e sulla sua capacità di guidare il cambiamento verso un mondo più equo, sostenibile e tecnologicamente responsabile.

Il Risveglio Politico

Partecipazione Digitale

La partecipazione digitale rappresenta un cambiamento radicale nella politica moderna, soprattutto per i giovani, che crescono in un ambiente sempre più tecnologico. Le piattaforme digitali consentono ai giovani non solo di informarsi ma anche di partecipare attivamente al dibattito politico, rompendo i vecchi schemi dominati da istituzioni e figure tradizionali. Questa democratizzazione dell'informazione ha reso la politica più accessibile e inclusiva, offrendo uno spazio per nuove forme di attivismo.

I leader digitali, spesso giovani, giocano un ruolo centrale in questo scenario. Attraverso i social media e le tecnologie digitali, influenzano l'opinione pubblica e mobilitano sostenitori, utilizzando strategie basate sui dati per capire meglio le preferenze e le aspettative dei loro follower. Tuttavia, la raccolta e l'uso dei dati personali pongono sfide in termini di privacy e qualità dell'informazione, spingendo verso una maggiore trasparenza e responsabilità delle piattaforme.

La partecipazione digitale non si limita ai social media. Tecnologie immersive come il metaverso offrono esperienze politiche interattive, sebbene sollevino preoccupazioni circa la manipolazione delle informazioni e la creazione di bolle di opinioni chiuse. In questo contesto, è essenziale garantire che questi spazi siano sicuri e affidabili, evitando il diffondersi di fake news.

La partecipazione digitale ha implicazioni profonde per la democrazia, rafforzandola attraverso la trasparenza e una maggiore responsabilità verso gli elettori. Inoltre, le piattaforme digitali offrono opportunità di partecipazione a persone provenienti da contesti sociali ed economici diversi, superando le barriere fisiche e geografiche. Tuttavia, per far sì che questa partecipazione sia consapevole e costruttiva, è necessaria un'educazione civica adeguata. I giovani devono sviluppare competenze critiche per distinguere tra informazioni affidabili e fuorvianti.

Le campagne online, le petizioni digitali e le discussioni sui social media sono esempi concreti di come i giovani stiano sfruttando la partecipazione digitale. Attraverso queste iniziative, riescono a esprimere opinioni, mobilitare il sostegno e creare movimenti attorno a cause specifiche, come il cambiamento climatico e i diritti umani.

La partecipazione digitale non solo arricchisce il panorama politico, ma lo trasforma. I modelli tradizionali di governance devono evolversi per dialogare efficacemente con una cittadinanza sempre più connessa e informata. I giovani, grazie alla loro abilità nel manipolare le tecnologie digitali, stanno già modellando il futuro della politica, rendendola più interattiva, inclusiva e dinamica.

Campagne e Attivismo

Negli ultimi anni, l'integrazione tra politica, imprese e attivismo è emersa come un fenomeno sempre più influente, rimodellando profondamente il modo in cui le campagne sociali vengono interpretate e adottate dalle aziende. Queste ultime riconoscono il valore strategico dell'impegno sociale, non solo come strumento per migliorare la propria immagine pubblica, ma anche come un'opportunità per costruire relazioni più solide e durature con i consumatori, in particolare con le nuove generazioni. Questa convergenza tra attivismo e business è alimentata da una crescente richiesta di responsabilità sociale da parte del pubblico.

Le campagne di attivismo sociale, dunque, non solo rafforzano la cultura aziendale, ma aumentano anche la fedeltà al marchio. Quando un'azienda si allinea a cause sociali condivise, crea una connessione emotiva con i consumatori, rendendoli più inclini a sostenere il brand, poiché si identificano con valori comuni e con una missione collettiva. Questo legame può essere ulteriormente rafforzato dal passaparola, soprattutto quando le campagne toccano temi che risuonano profondamente con le esperienze personali e collettive del pubblico.

La trasformazione digitale ha poi accelerato questo processo, cambiando radicalmente il modo di fare attivismo e politica. L'ascesa dei social media, dei siti web e delle e-mail come strumenti di mobilitazione ha offerto opportunità senza precedenti per raggiungere pubblici ampi e diversificati. I giovani, in particolare, utilizzano questi canali per informarsi e costruire le proprie opinioni politiche, bypassando spesso i media tradizionali. L'accesso quasi universale a Internet ha reso possibile lo scambio di idee e la mobilitazione in tempo reale, alimentando un attivismo più veloce ed efficace.

Forme innovative di attivismo, come lo "yarn bombing" e altre espressioni di street art, stanno emergendo come potenti strumenti per veicolare messaggi sociali e ambientali. Queste forme d'arte non convenzionali utilizzano l'estetica e la sorpresa per coinvolgere il pubblico in modi inaspettati, superando i confini del discorso pubblico e trasformando l'attivismo in un'impresa collettiva capace di unire comunità diverse.

Un'altra area dove si osserva una convergenza strategica è l'attivismo ambientalista e comunitario. Attraverso attività che promuovono la connessione con la natura, come il birdwatching o il "bagno nella foresta", gli attivisti riescono a inculcare valori sostenibili e a creare un senso di appartenenza che va oltre l'azione politica tradizionale. Queste esperienze rendono la politica tangibile e rilevante, integrandola nella vita quotidiana e favorendo un cambiamento culturale verso una maggiore consapevolezza ambientale.

La nuova generazione sta svolgendo un ruolo cruciale nel ridisegnare il futuro attraverso pratiche di attivismo più consapevoli e tecnologicamente avanzate. Con uno spirito innovativo, i giovani sono motivati a progettare campagne elettorali e iniziative sociali che non solo coinvolgano i propri coetanei, ma che attirino l'attenzione su questioni urgenti e cruciali. La loro attenzione si concentra su inclusività e cambiamento radicale, supportando attivamente cause che spaziano dall'uguaglianza di genere ai diritti umani e alla giustizia ambientale.

L'innovazione tecnologica sta quindi giocando un ruolo chiave nella rivoluzione dell'attivismo politico e sociale. I social media permettono ai giovani attivisti di creare connessioni ampie e diversificate, superando confini nazionali e culturali. Le piattaforme digitali offrono una vasta gamma di strumenti per comunicare e mobilitare: dai tradizionali post sui social ai podcast e ai video in streaming, che amplificano le voci e diffondono le campagne su scala globale.

L'enfasi sul coinvolgimento comunitario ha portato alla nascita di movimenti collettivi basati sulla promozione di valori condivisi e sull'azione comune. Le comunità digitali si formano attorno a cause specifiche, creando reti di sostegno che rafforzano la capacità di ogni individuo di influenzare il cambiamento. Questo approccio non solo potenzia le campagne individuali, ma promuove anche la collaborazione trasversale, facilitando l'accesso a nuovi strumenti e strategie di mobilitazione.

L'importanza di questi sviluppi per i giovani è innegabile. Essi sono alla guida di un cambiamento che punta su forme innovative di partecipazione capaci di coinvolgere un pubblico più ampio. In un contesto socio-politico sempre più complesso e in rapida evoluzione, i giovani attivisti stanno dimostrando che un impegno deciso e strategico può trasformare il panorama politico in modo duraturo.

Le campagne e l'attivismo della nuova generazione tracciano una chiara rotta verso un futuro più giusto ed equo. La loro capacità di combinare passione, tecnologia e creatività non solo produce cambiamenti tangibili, ma accelera il ritmo del progresso sociale. In un'epoca in cui il cambiamento è costante, l'attivismo giovanile rappresenta una forza motrice di innovazione che continua a spingere verso un mondo migliore.

Nuove Generazioni al Potere

Le nuove generazioni stanno dimostrando un impegno politico senza precedenti, segnando un cambiamento significativo nel panorama politico globale. In particolare, la Generazione Z e i Millennials si stanno distinguendo per la loro attiva partecipazione in movimenti sociali di grande rilevanza, come quelli ambientalisti, femministi e per i diritti civili. Questo risveglio politico è legato a una maggiore consapevolezza delle sfide globali e a un desiderio di influenzare in modo diretto le decisioni politiche che plasmano il loro futuro.

Il rinnovato interesse delle nuove generazioni per la politica è accompagnato da una trasformazione nelle modalità di partecipazione. Si osserva uno spostamento verso approcci più pragmatica e meno ideologicamente rigidi, con un focus su temi specifici. Le loro azioni sono spesso guidate da questioni concrete, piuttosto che da affiliazioni ideologiche tradizionali. I social media svolgono un ruolo fondamentale in questo contesto, fornendo piattaforme per amplificare le loro voci, organizzare mobilitazioni, e diffondere informazioni in tempo reale. Questi strumenti permettono ai giovani di superare le barriere geografiche e temporali, creando reti globali di attivismo e sostegno.

Le nuove generazioni, inoltre, mostrano una certa disillusione verso i partiti politici tradizionali, preferendo invece movimenti che propongono soluzioni innovative e sfidano il sistema esistente. Lontani dall'incasellarsi nelle classiche categorie politiche di destra e sinistra, molti giovani optano per l'appoggio a forze politiche che rappresentano un'alternativa al sistema tradizionale. Partiti come il Movimento 5 Stelle in Italia e la Lega sono stati in grado di catturare una fetta significativa del voto giovanile, evidenziando il desiderio di rinnovamento e la ricerca di risposte nuove e audaci ai problemi vecchi.

L'educazione politica diventa cruciale in questo nuovo panorama, con un crescente riconoscimento dell'importanza di sviluppare una consapevolezza politica informata e critica. La "pedagogia del risveglio" emerge come un approccio formativo che mira a superare l'individualismo e promuovere una socialità arricchita da valori universalistici. Questa pedagogia pone l'accento sull'importanza di una partecipazione politica consapevole, incoraggiando i giovani a diventare agenti di cambiamento nel loro ambiente. Un'educazione che stimola il pensiero critico e la partecipazione attiva è vista come essenziale per coltivare una cittadinanza responsabile.

Nel contesto europeo, le nuove generazioni sono destinate a svolgere un ruolo chiave nel definire il futuro geopolitico del continente. L'Unione europea si trova di fronte a sfide complesse, dai cambiamenti climatici alle crescenti tensioni geopolitiche, e la partecipazione dei giovani sarà fondamentale per affrontare queste problematiche con successo. Il risveglio politico della gioventù europea potrebbe giocare un ruolo cruciale nella realizzazione di un'Europa più coesa e influente su scala globale, rivendicando un suo ruolo centrale in un mondo multipolare. Questo richiede non solo un impegno attivo da parte dei giovani, ma anche politiche che riconoscano e valorizzino il loro contributo.

Le nuove generazioni al potere rappresentano una forza di cambiamento che sta ridefinendo i confini tradizionali della politica. La loro spinta verso un coinvolgimento attivo e la loro capacità di sfruttare le tecnologie digitali per costruire movimenti forti e coesi sono testimoni della loro determinazione a plasmare un futuro migliore. Attraverso la loro azione, stanno costruendo un ponte tra le aspirazioni locali e le necessità globali, dimostrando che le sfide del mondo moderno possono essere affrontate con un approccio collettivo e innovativo.

In questo contesto di trasformazione, i giovani leader emergenti stanno acquisendo sempre più spazio nelle istituzioni politiche, portando con sé nuove visioni e approcci. Gli esempi di giovani che assumono posizioni di leadership in governi e organizzazioni internazionali sono in crescita, segno che la loro influenza sta cominciando a travalicare i confini delle campagne di base per estendersi all'interno dei centri decisionali. Questi leader spesso si caratterizzano per un'attenzione particolare alle questioni del clima, dell'inclusione sociale e dei diritti digitali, evidenziando come la loro agenda politica sia profondamente radicata nei problemi contemporanei.

Mentre le nuove generazioni si fanno strada nei corridoi del potere, c'è una crescente aspettativa che possano guidare un cambiamento tangibile e duraturo. Il loro approccio tende a privilegiare la trasparenza, l'innovazione e la collaborazione, rimanendo al tempo stesso profondamente connessi con le comunità che rappresentano. L'importanza di un tale approccio è particolarmente evidente in un'epoca in cui la sfiducia verso le istituzioni tradizionali è in aumento e la necessità di nuove soluzioni è imperativa.

Il contatto diretto con le sfide attuali, dal riscaldamento globale alle disuguaglianze economiche, ispira le nuove generazioni a seguire percorsi che riflettano una visione integrata e inclusiva della società. La loro presenza al potere non solo rappresenta un cambiamento nella demografia politica ma porta con sé la promessa di un approccio più olistico e innovativo nell'affrontare le complessità del mondo moderno. Così facendo, si pongono come fari di speranza per un futuro in cui la politica non è solo qualcosa da osservare, ma qualcosa in cui ciascuno è chiamato a partecipare attivamente per la costruzione di un mondo migliore.

Il potere delle nuove generazioni sta nella loro capacità di connettersi, mobilitarsi e riunirsi attorno a cause comuni, dimostrando che la politica può essere più vicina ai cittadini e più rispondente alle reali esigenze della società. Il loro risveglio politico è una chiamata all'azione per tutti coloro che riconoscono l'importanza di un coinvolgimento civico attivo e consapevole. In ultima analisi, il contributo delle nuove generazioni al potere non consiste solo nell'occupare posti di rilievo, ma nel trasformare radicalmente la politica affinché risponda meglio ai bisogni di una società in evoluzione. Risvegliare il potenziale dei giovani significa dare forma a un futuro che rispecchia le aspirazioni di inclusività, sostenibilità e giustizia sociale, aiutando l'umanità a muoversi verso un domani più luminoso.

Rivoluzione dell'Intelligenza Artificiale

Progresso Guidato dai Giovani

Nell'odierna rivoluzione dell'intelligenza artificiale, i giovani si collocano come protagonisti imprescindibili, architetti del cambiamento e beneficiari principali delle innovazioni che stanno ridefinendo il nostro modo di vivere e lavorare. La loro propensione naturale all'adozione di nuove tecnologie li rende giocatori chiave in un mondo dove l'IA non è più una mera curiosità tecnologica, ma uno strumento essenziale per il progresso sociale ed economico.

Il mondo del lavoro è al centro di questa trasformazione. Entro il 2030, si prevede che l'IA trasformerà circa l'80% delle professioni. Questa transizione richiede l'acquisizione di nuove competenze e modi di lavorare che rispondano alle esigenze di un mercato in rapida evoluzione. Le aziende già stanno integrando soluzioni di IA nel processo di formazione, selezione e reclutamento, nonché nell'automazione di compiti ripetitivi che liberano risorse umane per attività più creative e strategiche. I giovani, con la loro capacità di apprendimento rapido e adattamento, si trovano in una posizione unica per abbracciare queste opportunità, catalizzando il cambiamento con il loro entusiasmo e le loro idee innovative.

L'impulso alla crescita economica generato dall'intelligenza artificiale è evidente negli investimenti crescenti a livello globale. Si prevede che il mercato dell'IA raggiunga 1.811,8 miliardi di dollari entro il 2030, con un tasso di crescita annuo del 37,3% dal 2023 al 2030. Questo scenario offre un terreno fertile per l'imprenditoria giovanile, con start-up e nuove imprese che spuntano per capitalizzare su nicchie di mercato emergenti create dalla tecnologia. I giovani sono spinti non solo a consumare, ma a creare e innovare, gettando le basi per una crescita economica sostenibile attraverso soluzioni di IA che rispondano a problemi reali.

Nel campo dell'educazione, l'intelligenza artificiale sta introducendo cambiamenti significativi, ridefinendo il concetto di apprendimento. Le tecnologie basate sull'IA offrono metodi di insegnamento personalizzati, che si adattano alle esigenze dello studente, migliorando l'efficacia dell'insegnamento e il coinvolgimento degli studenti. Tuttavia, rimane cruciale mantenere un equilibrio tra l'innovazione tecnologica e le metodologie didattiche tradizionali. Formare i docenti all'uso etico e consapevole dell'IA è essenziale per integrare queste risorse nei percorsi educativi senza sacrificare i valori fondamentali dell'istruzione.

L'adozione diffusa dell'IA solleva una serie di questioni sociali ed etiche che richiedono un confronto approfondito. Le preoccupazioni riguardano la privacy, la sicurezza dei dati personali e il rischio di accentuare le disparità educative. È quindi fondamentale che, in parallelo all'implementazione tecnologica, vengano stabilite normative stringenti per tutelare le informazioni sensibili e garantire un accesso equo alle risorse digitali. I giovani, i più esposti a questi rischi digitali, devono essere informati e vigilanti, diventando custodi consapevoli dei loro dati personali.

Il ruolo dei giovani non si limita al semplice utilizzo delle tecnologie avanzate. Essi sono i veri guidatori del progresso, coloro che devono navigare le sfide e sfruttare le opportunità offerte dall'IA. La loro familiarità con questi strumenti è cruciale non solo per il loro futuro professionale, ma anche per il loro sviluppo personale. Genitori, docenti ed educatori sono chiamati a guidare i giovani nell'esplorazione di questo nuovo ambiente digitale, facilitando un approccio critico e creativo verso l'uso dell'IA.

In Italia, la strategia nazionale per l'intelligenza artificiale per il periodo 2024-2026 pone le persone al centro dello sviluppo tecnologico. Questo approccio antropocentrico mira a promuovere soluzioni affidabili e sostenibili, integrando l'IA nel tessuto produttivo e sociale del paese. Le istituzioni sono chiamate a sostenere i giovani con politiche che valorizzino la loro creatività e ne stimolino la partecipazione attiva alla sfera pubblica. L'intelligenza artificiale diventa così un elemento cruciale nella trasformazione della pubblica amministrazione, rendendola più efficiente e vicina alle esigenze dei cittadini.

A livello europeo, la strategia per l'IA riunisce gli sforzi dei vari Stati membri, creando una sinergia che favorisce l'innovazione e la competitività globale. I giovani europei si trovano così a operare in un contesto che promuove la cooperazione transnazionale e la condivisione delle migliori pratiche. Questo ambiente offre l'opportunità di sviluppare soluzioni innovative che non solo affrontano le sfide locali, ma contribuiscono a risolvere problemi di portata globale, come il cambiamento climatico e le disuguaglianze sociali.

È evidente come i giovani non siano semplicemente destinatari delle tecnologie emergenti, ma diventino attori primari nel processo di implementazione e diffusione dell'IA. La loro capacità di adattarsi rapidamente e di pensare fuori dagli schemi li rende particolarmente adatti a identificare e risolvere problemi complessi utilizzando tecnologie all'avanguardia. I giovani applicano questo spirito innovativo in vari settori, dalla sanità, dove l'IA viene utilizzata per sviluppare trattamenti personalizzati, all'industria creativa, dove l'intelligenza artificiale sta rivoluzionando il modo di concepire e fruire l'arte.

Il futuro dell'intelligenza artificiale è indissolubilmente legato al coraggio e alla visione della nuova generazione. I giovani sono chiamati a plasmare un mondo che rifletta i loro valori e rispecchi le loro aspirazioni, sfruttando l'IA per costruire un futuro più giusto ed equo. Questo progresso richiede un impegno costante e collettivo, nel quale ogni giovane possa sentirsi partecipe e protagonista del cambiamento globale.

La forza propulsiva delle nuove generazioni si manifesta attraverso iniziative che pongono il benessere umano e la sostenibilità al centro del cambiamento tecnologico. L'intelligenza artificiale, con le sue infinite possibilità, è destinata a essere una delle leve principali per raggiungere questi obiettivi, grazie alla mente giovane e dinamica di coloro che oggi stanno ridisegnando il futuro. Tre parole descrivono questo cammino: innovazione, inclusività e determinazione. Così facendo, i giovani non solo rispondono alle istanze del presente, ma anticipano e preparano soluzioni per le sfide del domani.

Etica e Regolamentazione

Nella rivoluzione dell'intelligenza artificiale, l'etica e la regolamentazione emergono come tematiche cruciali che devono accompagnare lo sviluppo di queste tecnologie avanzate. La crescita rapida dell'IA solleva interrogativi importanti sulla responsabilità, la trasparenza e la prevenzione della discriminazione. La capacità degli algoritmi di influenzare decisioni che spaziano dall'assunzione di personale alla concessione di prestiti implica che la programmazione etica diventi non solo auspicabile, ma essenziale. È necessario evitare pregiudizi inerenti all'interno dei modelli e garantire che l'IA venga utilizzata in modo equo e imparziale.

Il dibattito sull'etica nell'IA pone l'accento su una verità fondamentale: la responsabilità ultima rimane degli esseri umani. Sebbene sia possibile insegnare agli algoritmi a comportarsi secondo principi etici, spetta a noi, come creatori e utilizzatori, assicurarci che queste tecnologie riflettano i valori umani. La consapevolezza collettiva deve guidare lo sviluppo di IA, richiedendo un dialogo aperto su come meglio integrare i principi etici nella progettazione e attuazione di questi sistemi.

La trasparenza gioca un ruolo centrale nel garantire un utilizzo responsabile dell'IA. Le aziende devono rendere comprensibili le decisioni prese dagli algoritmi, permettendo una supervisione umana adeguata. La mancanza di trasparenza non solo mina la fiducia degli utenti, ma può anche portare a decisioni errate con conseguenze potenzialmente serie per gli individui e l'intera comunità. Consentire agli utenti di comprendere come e perché vengono prese certe decisioni è fondamentale per prevenire errori e promuovere un uso più responsabile dell'IA.

Il tema della regolamentazione dell'IA è complesso e richiede un approccio che sia allo stesso tempo chiaro e adattabile. L'Unione Europea sta già muovendo passi significativi in questa direzione, cercando di definire i requisiti etici chiave per i sistemi di IA affidabili. Questo quadro regolamentare deve tener conto dell'equilibrio tra stimolare l'innovazione e garantire responsabilità, assicurando che l'IA contribuisca positivamente alla società. L'adattabilità è fondamentale, dato il ritmo con cui le tecnologie si evolvono, richiedendo regolamenti che possano rispondere alle nuove sfide poste dal progresso scientifico e tecnologico.

Il concetto di "AI alignment" diventa quindi un pilastro dell'etica nell'IA. L'allineamento dei sistemi di IA con i valori umani assicura che anche i sistemi più avanzati e complessi operino in modo coerente con i nostri interessi e obiettivi. Questo allineamento è cruciale per evitare discrepanze tra ciò che desideriamo umanamente e ciò che l'IA tende a realizzare, specialmente quando cresce in potenza e capacità decisionali. Un IA ben allineata dovrebbe agire in modo armonioso con gli esseri umani, contribuendo a un miglioramento generale del benessere piuttosto che creare conflitti.

Le aziende e i programmatori ricoprono un ruolo di leadership nell'adozione di pratiche etiche, promuovendo una cultura che abbracci un utilizzo consapevole delle intelligenze artificiali. È fondamentale che imprese e sviluppatori si assumano la responsabilità di valutare e mitigare i rischi associati all'implementazione dell'IA. Questo non solo attraverso regolamenti legislativi, ma anche tramite l'impegno volontario verso un comportamento corporativo responsabile. L'adozione di un codice etico nell'ingegneria dei software per l'IA potrebbe servire da guida nella costruzione di sistemi che rispettino i principi fondamentali dell'etica.

Per i giovani coinvolti in questo processo di cambiamento, è essenziale sviluppare una comprensione profonda delle implicazioni etiche delle tecnologie che contribuiscono a creare e utilizzare. Le nuove generazioni, che stanno entrando nei diversi settori tecnologici con esperienza e motivazione, devono essere istruite non solo sulle competenze tecniche, ma anche sull'importanza di utilizzare l'IA in modo responsabile. La loro consapevolezza e il loro impegno sono essenziali per guidare l'evoluzione dell'IA in una direzione che valorizzi i principi umani fondamentali.

La regolamentazione etica e l'allineamento non sono statici, ma richiedono una revisione continua. Man mano che la tecnologia avanza, emergono nuove sfide che devono essere affrontate per salvaguardare i diritti e le libertà umane. Le discussioni e le framework devono essere aggiornati regolarmente, includendo un ampio spettro di voci, dalla comunità scientifica al pubblico generale. Questa inclusione garantisce che le soluzioni adottate siano orientate al bene comune e non riflettano solo gli interessi di una minoranza tecnologica.

Nel contesto globale, la collaborazione internazionale è essenziale per stabilire standard etici condivisi che governino l'uso dell'IA. Poiché le implicazioni dell'IA spesso superano i confini nazionali, è necessaria una cooperazione tra le nazioni per sviluppare politiche coordinate che evitino esiti negativi e promuovano benefici collettivi. La condivisione delle migliori pratiche e esperienze tra i paesi potrebbe accelerare l'adozione di approcci che siano sia etici sia efficaci.

Per garantire un progresso tecnologico sostenibile, l'etica e la regolamentazione devono essere insegnate e integrate in ogni fase dello sviluppo dell'IA. Dall'ideazione iniziale alla distribuzione finale, ogni passo deve essere esaminato per conformarsi a questi principi guida. Le università e le istituzioni educative devono giocare un ruolo cruciale nel preparare gli studenti non soltanto con competenze tecniche, ma con un forte senso di etica e responsabilità.

I giovani che stanno ridisegnando il futuro attraverso l'IA possono farlo solo incorporando una solida base etica nel loro lavoro. Questo approccio non solo minimizza i rischi, ma massimizza il potenziale beneficio dell'IA, creando un futuro in cui tecnologia e umanità coesistano in armonia. Le nuove generazioni, quindi, hanno la straordinaria opportunità di immunizzare i sistemi di IA contro i fallacies etici e di assicurarne un impatto positivo e duraturo sulla società.

In sintesi, etica e regolamentazione rappresentano le fondamenta su cui costruire l'era dell'IA. Assicurare che l'IA sia allineata con i valori umani e promuova il bene comune deve essere una priorità per tutti i soggetti coinvolti. La nuova generazione deve prendere il timone di questo cambiamento, spingendo per un domani in cui l'intelligenza artificiale sia non solo potente, ma anche giusta e benefica per l'intera umanità.

AI e Settori Chiave

La rivoluzione dell'intelligenza artificiale si sta inserendo progressivamente nei settori chiave dell'economia, cambiando radicalmente il modo in cui operano e offrono valore. Il commercio e il retail, ad esempio, hanno visto un impiego massiccio dell'IA generativa per ottimizzare vari aspetti della catena di approvvigionamento e della customer experience. Gli algoritmi di IA sono utilizzati per prevedere la domanda dei consumatori, gestire l'inventario in modo più efficiente e personalizzare le offerte promozionali. L'integrazione di queste tecnologie non solo riduce i costi, ma migliora anche l'esperienza complessiva del cliente, poiché riesce a rispondere con maggiore precisione alle sue esigenze mutevoli.

Nel settore dei servizi legali, l'IA sta emergendo come un alleato potente per i professionisti legali, semplificando e velocizzando molte delle loro attività quotidiane. La revisione dei documenti, un compito notoriamente lungo e dettagliato, può essere ora eseguita con una velocità e precisione senza precedenti grazie agli algoritmi di IA. Questa tecnologia aiuta anche nell'analisi dei contratti, identificando clausole e potenziali rischi più velocemente di quanto possibile con un'analisi manuale. La generazione automatica di documenti, infine, sta permettendo ai legali di concentrarsi su attività a più alto valore aggiunto, migliorando così l'efficienza complessiva del loro lavoro.

L'istruzione è un altro settore chiave in cui l'intelligenza artificiale sta facendo grandi passi avanti. Con l'aumento dell'IA generativa, l'apprendimento personalizzato sta diventando una realtà più accessibile. Gli studenti possono beneficiare di programmi di studio adattativi che si modellano secondo le loro esigenze e ritmi di apprendimento specifici. Assistenti educativi virtuali e chatbot sono d'aiuto nel fornire supporto immediato e personalizzato, migliorando l'accessibilità all'istruzione e potenziando l'esperienza educativa a distanza. Questi strumenti non solo facilitano l'apprendimento individuale, ma pongono anche le basi per una futura integrazione delle risorse digitali nei curricula tradizionali.

Nell'industria manifatturiera, l'integrazione tra IA e Internet of Things (IoT) sta promuovendo una nuova era di efficienza operativa. Le aziende stanno adottando l'IA generativa per migliorare l'automazione dei processi, attuare una manutenzione predittiva e garantire un controllo qualità continuo. Questa convergenza tecnologica consente una maggiore produttività e una riduzione dei tempi di inattività, rivoluzionando il modo in cui i prodotti vengono progettati, fabbricati e distribuiti. Inoltre, l'industria è in grado di offrire esperienze cliente più personalizzate, rispondendo con agilità alle richieste dinamiche del mercato.

La pubblica amministrazione non è immune da questo cambiamento. L'adozione di sistemi di intelligenza artificiale sta reinventando l'erogazione dei servizi governativi. Le piattaforme di assistenza virtuale riducono i tempi di attesa e migliorano la comunicazione tra cittadini e istituzioni, rendendo la burocrazia più snella e accessibile. L'uso dell'IA nei modelli predittivi consente una gestione più efficace dei dati pubblici, favorendo decisioni basate su solidi dati analitici e migliorando la precisione nella pianificazione e distribuzione dei servizi comunitari.

Nel settore medico, l'impatto dell'intelligenza artificiale è probabilmente uno dei più rivoluzionari. L'IA sta accelerando la scoperta di nuovi farmaci, identificando combinazioni e trattamenti che altrimenti richiederebbero anni di ricerca. I modelli di IA generativa vengono utilizzati per migliorare la diagnosi e la cura delle malattie, offrendo piani di trattamento più precisi e personalizzati. Aziende come DeepMind sono all'avanguardia nell'utilizzo di queste tecnologie per spingere oltre i confini della ricerca farmaceutica. Queste innovazioni non solo compattano i tempi di sviluppo dei farmaci, ma migliorano anche la qualità della medicina preventiva, aprendo la strada a cure più efficaci e tempestive.

La velocità di adozione delle tecnologie IA è in aumento esponenziale; una recente analisi indica che circa il 38% delle aziende ha già implementato o è in procinto di adottare l'IA generativa, mentre solo il 10% rimane disinteressato a questa tecnologia. Questo entusiasmo si traduce in trasformazioni significative nei processi produttivi e decisionali, avvantaggiando le organizzazioni con nuove opportunità di innovazione e miglioramento della produttività. I progressi nell'IA generativa potrebbero portare a un incremento del PIL mondiale del 7% e della produttività di 1,5 punti percentuali entro il prossimo decennio, evidenziando il potenziale economico di questa rivoluzione tecnologica.

I modelli generativi, tra cui i trasformatori e la diffusione, formano le fondamenta delle applicazioni di IA generativa. Questi modelli consentono la creazione di contenuti sequenziali come testo e codice, ampliando le possibilità di automazione in molti settori. La capacità di generare autonomamente contenuti complessi apre nuove prospettive per la creatività digitale, riducendo le barriere tecniche e democratizzando l'accesso alla produzione di contenuti di alta qualità.

Per la nuova generazione, questi sviluppi rappresentano opportunità straordinarie. L'IA offre ai giovani imprenditori e innovatori la possibilità di superare i limiti delle risorse tradizionali, migliorando la produttività e permettendo di concentrarsi su attività più strategiche. Le piccole imprese e i team con poche risorse possono utilizzare l'intelligenza artificiale per automatizzare compiti banali e liberare tempo ed energie, consentendo loro di competere in un mercato sempre più competitivo.

La trasformazione dei processi aziendali tramite l'IA sta cambiando radicalmente il modo in cui le aziende affrontano produzione, servizi e interazioni uomo-macchina. La capacità di adattarsi rapidamente a queste nuove tecnologie offre alla nuova generazione l'opportunità di ridefinire i confini dell'industria e di guidare il cambiamento verso pratiche più sostenibili ed efficienti. Questi sforzi non solo migliorano la produttività aziendale, ma giocano anche un ruolo cruciale nell'affrontare le sfide globali come il cambiamento climatico e la sostenibilità.

In sintesi, la rivoluzione dell'intelligenza artificiale sta trasformando profondamente una varietà di settori chiave, fornendo alla nuova generazione di leader e innovatori strumenti senza precedenti per migliorare la produttività, l'efficienza e la creatività. Questi sviluppi offrono una visione intrigante di come la tecnologia stia ridisegnando il futuro in modi profondamente significativi e innovativi. La possibilità di integrare IA in diversi contesti rappresenta una sfida e una responsabilità per i giovani di oggi, che dovranno guidare con rispetto e attenzione questo formidabile potere tecnologico verso un futuro prospero e sostenibile.

Movimenti di Giustizia Sociale

Impatto dei Social Media

L'impatto dei social media sui movimenti di giustizia sociale è un fenomeno di portata straordinaria, che ha radicalmente modificato il modo in cui le cause sociali vengono percepite, discusse e sostenute. In un'epoca in cui l'informazione è istantanea e globale, i social media rappresentano una rivoluzione nella comunicazione, consentendo la diffusione di idee e la mobilitazione delle masse su una scala senza precedenti. Questi strumenti digitali hanno trasformato l'attivismo, rendendolo più accessibile e potentemente efficace.

I social media hanno avuto un ruolo fondamentale nell'amplificazione delle proteste, contribuendo a innescare movimenti sociali globali. Un esempio lampante è stato il fenomeno Black Lives Matter, che nel 2020 ha raggiunto un apice di partecipazione e visibilità durante la pandemia. Le piattaforme sociali hanno servito da catalizzatori per diffondere i messaggi e organizzare le proteste, nonostante le restrizioni fisiche imposte dalla crisi sanitaria. Video, hashtag e storie condivise sono stati strumenti cruciali per attirare l'attenzione mondiale su ingiustizie spesso trascurate dal mainstream mediatico.

La sensibilizzazione del pubblico su questioni di giustizia sociale è notevolmente facilitata dai social media. La capacità di raggiungere un pubblico vasto e diversificato permette di portare alla luce temi importanti che possono altrimenti rimanere nell'ombra. Le piattaforme come Twitter, Instagram e Facebook offrono spazi per la testimonianza diretta, permettendo alle persone colpite da ingiustizie di raccontare le loro esperienze in prima persona. Questo storytelling personale è efficace nel mobilitare le persone per azioni concrete e creare movimenti solidali transnazionali.

Nuovi canali di comunicazione, oltre ai social media tradizionali, stanno emergendo come importanti arene per il dibattito sociale. I podcast, ad esempio, hanno visto una crescita significativa dell'ascolto, specialmente durante la pandemia. Offrono uno spazio alternativo dove approfondire argomenti complessi e presentare una varietà di prospettive. I podcast di notizie si sono affermati come potenti strumenti educativi, fornendo analisi critiche e dettagliate delle questioni sociali e offrendo una piattaforma per voci che spesso restano ai margini nel dialogo pubblico tradizionale.

La rappresentazione nei media digitali è cruciale per garantire che le storie raccontate non siano solo complete, ma anche rispettose e autentiche. Le organizzazioni giornalistiche hanno la responsabilità di contestualizzare accuratamente le esperienze delle vittime di ingiustizia e di coloro che combattono al loro fianco. Ciò implica includere non solo le sfide e le sofferenze, ma anche le gioie, i successi e le sfumature culturali delle comunità coinvolte. Questa rappresentazione equilibrata aiuta a contrastare le narrative riduttive e stereotipate, promuovendo una comprensione più comprensiva e umana delle situazioni.

Nonostante l'enorme potenziale positivo, l'attivismo online non è esente da critiche. Si è diffuso il termine "guerriero della giustizia sociale" (SJW), spesso usato in senso peggiorativo, per descrivere quegli attivisti percepiti come superficiali o motivati da un egoismo di facciata. L'accusa principale è che l'attivismo digitale possa ridursi a un gesto performativo piuttosto che a un vero impegno per il cambiamento sociale. Tuttavia, è importante riconoscere che la visibilità e l'impegno online possono fungere da importanti strumenti per il cambiamento, se sostenuti da azioni concrete e coerenti.

I social media hanno un impatto sociale significativo amplificando il raggio d'azione delle campagne di advocacy. La loro capacità di sensibilizzare l'opinione pubblica su questioni cruciali li rende strumenti vitali per trasformare la consapevolezza in azione. Le campagne sociali che prosperano online sono spesso quelle che riescono a costruire comunità forti e coese, capace di influenzare decisioni politiche e aziendali. La formazione di reti solidali può spingere le istituzioni a riconsiderare le loro pratiche e a implementare misure più eque e inclusive.

L'aspetto digitale dei movimenti di giustizia sociale introduce una dimensione globale e interconnessa che era impensabile prima dell'avvento dei social media. La nuova generazione, profondamente immersa in un ambiente online, sta utilizzando questi strumenti per riscrivere le regole dell'engagement sociale e politico. L'utilizzo creativo delle piattaforme digitali può stimolare il cambiamento su larga scala, sfidando strutture di potere consolidate e inaugurando nuove modalità di partecipazione civica.

I social media, pur con tutte le loro complessità, offrono la possibilità di dare voce a chi lotta per la giustizia e di accendere il dibattito in contesti dove il silenzio spesso regnava sovrano. Essi costituiscono un mosaico di comunicazione dinamica e interattiva, dove le esperienze personali si intrecciano con le lotte collettive per la dignità e l'uguaglianza. In questo scenario, la responsabilità collettiva e l'autenticità restano cruciali per garantire che l'impatto dei social media nei movimenti di giustizia sociale sia tanto significativo quanto sostenibile nel lungo termine.

In definitiva, l'ecosistema digitale attuale presenta sfide e opportunità uniche per i movimenti di giustizia sociale. La capacità di operare trasversalmente attraverso vari canali e piattaforme aumenta la possibilità di connessione e collaborazione, incoraggiando un'azione concertata verso obiettivi comuni. Riconoscere e navigare queste dinamiche è fondamentale per la nuova generazione di attivisti e leader, consapevoli di come i social media possano essere usati come potenti alleati nella lotta per un mondo più equo e giusto.

Attivismo Giovanile

L'attivismo giovanile rappresenta una forza vivace e determinante nei movimenti di giustizia sociale, caratterizzato da un imperativo di cambiamento che parta dalla base e si estenda verso le istituzioni. Fortemente motivato da un senso di urgenza e una visione di futuro sostenibile, l'attivismo giovanile va oltre le semplici manifestazioni di dissenso; si manifesta attraverso azioni concrete che mirano a modificare situazioni percepite come ingiuste o inaccettabili. Questo dinamismo si traduce in forme di espressione variegate, che includono tanto il confronto diretto quanto l'innovazione strategica nell'affrontare le problematiche sociali.

I social media hanno rivoluzionato il modo in cui i giovani si coinvolgono in cause sociali, creando un legame diretto e immediato tra azione locale e visibilità globale. Queste piattaforme servono come strumenti di amplificazione per le cause, facilitando l'organizzazione di eventi e la connessione tra attivisti separati da grandi distanze geografiche. Allo stesso tempo, la natura dei social media richiede attenzione nel distinguere tra l'attivismo performativo e l'impegno più profondo che caratterizza le azioni realmente trasformative. Mentre la visibilità è un vantaggio indiscutibile, essa deve essere accompagnata da uno sforzo concertato e coerente nel perseguimento di obiettivi tangibili.

La formazione e lo sviluppo delle capacità degli attivisti giovanili sono determinanti per spingerli oltre la mera partecipazione emotiva e verso una realizzazione efficace delle loro aspirazioni. Programmi organizzati da gruppi come The Good Lobby, We World e ActionAid offrono ai giovani strumenti e conoscenze per agire in modo informato su questioni quali giustizia climatica, diritti umani e parità sociale. Questi programmi non solo costruiscono competenze, ma generano anche network di individui impegnati che si supportano a vicenda nel superamento delle barriere sistemiche e culturali che affrontano.

Il movimento giovanile per il clima si colloca tra le espressioni più potenti dell'attivismo globale contemporaneo. I giovani hanno indetto scioperi a livello mondiale e avviato campagne di disinvestimento che hanno messo sotto pressione governi e aziende, costringendoli a riconsiderare le loro politiche ambientali. Questi movimenti dimostrano l'efficacia del potere collettivo quando canalizzato su obiettivi comuni, fra cui spicca l'urgenza di affrontare il cambiamento climatico attraverso azioni immediate e ben coordinate.

L'educazione gioca un ruolo centrale nel sostenere e potenziare l'attivismo giovanile, fornendo le basi intellettuali e morali per una partecipazione efficace. Iniziative come quelle del Swarthmore College o il movimento di alfabetizzazione climatica a Portland mostrano come l'istruzione possa trasformare la passione dei giovani in leadership consapevole. Educare al pensiero critico e alla responsabilità civile permette agli studenti di tradurre consapevolezza e convinzioni in azioni concrete e strategiche, innescando un cambiamento positivo nelle loro comunità.

Le sfide che l'attivismo giovanile affronta oggi sono molteplici e complesse. La natura delle piattaforme social, ad esempio, può talvolta amplificare toni scandalosi o radicali, distogliendo l'attenzione dal messaggio centrale. In un ecosistema digitale dove la visibilità tende a premiarne la polarizzazione, mantenere coerenza e autenticità diventa essenziale per non perdere efficacia. La capacità di navigare tra queste sfide determina spesso il successo o il fallimento delle iniziative intraprese.

La critica all'attivismo giovanile spesso si concentra sulla percezione di un impegno temporaneo o superficiale, tuttavia, tale valutazione non riconosce la complessità e la profondità dei contributi forniti dai giovani. La loro capacità di generare cambiamenti attraverso approcci innovativi e interconnessi è una dimostrazione tangibile del loro potere. Gli sforzi non si fermano semplicemente alla denuncia delle condizioni esistenti, ma puntano a costruire modelli alternativi che incorporano inclusività, sostenibilità e giustizia.

L'attivismo giovanile è una forza in perenne evoluzione, che richiede una costante adattabilità e creatività nell'affrontare questioni globali emergenti. I giovani sono capaci di sfruttare strumenti tradizionali e innovativi per mobilitarsi rapidamente, dona forza a movimenti che richiedono flessibilità e resistenza. Questo approccio dinamico e interattivo consente loro di affrontare problemi complessi da molteplici angolazioni, creando soluzioni che abbracciano le realtà interconnesse del mondo moderno.

In questo contesto, la nuova generazione si assume la responsabilità di ridisegnare il futuro, utilizzando i social media come trampolino di lancio per un impegno che unisce rapidità e resilienza. Il loro contributo non si limita solo al campo della rappresentanza politica, ma si estende alla sfera economica, culturale e sociale, modellando un futuro che riflette appieno i valori di equità e solidarietà.

L'attivismo giovanile è più che un semplice richiamo al cambiamento: è la concretizzazione di un desiderio collettivo di giustizia e parità. Attraverso una leadership informata e una collaborazione attiva, i giovani stanno dimostrando che il futuro è nelle loro mani, privo di confini e basato su principi di inclusività e innovazione. Assumono il ruolo di architetti di un domani più giusto, integrando le lezioni apprese nel presente per creare un'impronta duratura sul mondo.

Cambiamenti Sociali

Gli ultimi anni hanno visto i movimenti di giustizia sociale adattarsi a una miriade di cambiamenti sociali e ambientali, molti dei quali sono stati accelerati dalla pandemia di COVID-19. Durante questo periodo di incertezza globale, la resilienza dei movimenti è stata messa alla prova, costringendoli a riorientare le loro strategie e a utilizzare le risorse digitali per mantenere la pressione su temi critici. L'emergenza sanitaria ha evidenziato le disuguaglianze esistenti, portando a una maggiore attenzione verso i gruppi vulnerabili come i detenuti, i lavoratori migranti e i senzatetto. Attraverso piattaforme digitali, attivisti e organizzazioni hanno raccolto e diffuso informazioni cruciali, riuscendo così a coordinare risposte rapide e consapevoli.

La giustizia climatica emerge come un importante ambito d'azione nei movimenti di oggi, con un crescente uso di strumenti legali per promuovere il cambiamento. Questo approccio comprende un numero crescente di azioni legali mirate su problematiche legate al clima, che rappresentano un nuovo fronte nel dissenso politico e nella promozione di trasformazioni sostenibili. Tali controversie non solo attirano l'attenzione, ma mettono anche pressione su governi e imprese affinché agiscano in modo più responsabile nei confronti dell'ambiente. L'uso di strategie legali per affrontare questioni climatiche sta rapidamente diventando un componente vitale del toolkit dei movimenti di giustizia sociale.

L'idea di partecipazione e democrazia è centrale nei movimenti di giustizia sociale contemporanei. Questi movimenti respingono le tendenze autoritarie e tecnocratiche e, in alternativa, esaltano l'importanza di coinvolgere i cittadini nei processi decisionali. La trasparenza e l'accountability sono promosse attraverso l'introduzione di esperimenti deliberativi e processi costituzionali dal basso, che cercano di rafforzare la partecipazione della base popolare. Questa spinta verso una maggiore inclusione democratica sfida le strutture di potere tradizionali e tenta di stabilire un modello più equo di governance partecipativa.

Al cuore dei movimenti di giustizia sociale più attuali vi è una chiara tendenza verso la diversificazione. Le coalizioni si sono evolute per includere una gamma più ampia di interessi e cause, riflettendo una consapevolezza crescente delle interconnessioni tra questioni sociali e ambientali. Movimenti come quelli per il software libero e contro il cambiamento climatico ora convivono con i movimenti focalizzati su specifiche categorie sociali, come quelli degli studenti, delle donne e dei consumatori. Questa inclusività permette ai movimenti di attingere a una base di supporto più ampia e di affrontare le sfide da prospettive multiple ma interconnesse.

L'impatto culturale e mediativo dei movimenti di giustizia sociale non può essere sottovalutato. Eventi di alto profilo, come il verdetto di colpevolezza di Derek Chauvin per la morte di George Floyd, hanno raggiunto vasti pubblici globali, evidenziando l'importanza e la forza delle narrative promosse dai movimenti stessi. Questi eventi hanno spinto questioni di giustizia sociale al centro del dibattito pubblico, mettendo in luce le ingiustizie sistemiche e generando pressioni per il cambiamento all'interno delle istituzioni. Il ruolo dei media nel documentare e amplificare questi momenti critici è fondamentale per il processo di sensibilizzazione e mobilitazione.

La nuova generazione sta dimostrando un'incredibile capacità di innovare e adattarsi alle nuove sfide, ridisegnando i movimenti sociali per affrontare un futuro incerto. Giovani attivisti adottano nuove tecnologie e strategie per coinvolgere il pubblico e promuovere le loro cause, sperimentando con i social media e altre piattaforme digitali per espandere il loro impatto. La loro creatività nell'utilizzare strumenti digitali ha permesso di superare le limitazioni fisiche delle proteste tradizionali, mantenendo comunque forte la voce delle loro lotte.

L'importanza della partecipazione attiva dei cittadini e della democrazia diretta non può essere sottovalutata nei movimenti di giustizia sociale. Questi movimenti cercano di ristabilire un dialogo autentico tra i decisori e le comunità che devono affrontare le conseguenze delle loro politiche. La democrazia diretta è considerata un mezzo attraverso il quale i cittadini possono esercitare il loro diritto a influenzare il futuro delle proprie comunità, portando avanti proposte che riflettono veramente le loro esigenze e aspirazioni.

L'integrazione delle questioni di giustizia sociale e ambientale è una caratteristica distintiva dei movimenti contemporanei. L'uso di strumenti legali e strategie innovative per affrontare tali problemi facilita l'adozione di approcci sistemici che cercano di riparare la frammentazione tra cause sociali e ambientali. Quest'integrazione non solo rafforza la coesione interna dei movimenti, ma ne estende anche la capacità di apportare cambiamenti sostanziali. La capacità di costruire ponti tra diverse aree di attivismo rappresenta un passo avanti verso una comprensione più olistica delle questioni, che interconnettono le nostre vite.

Nei media, i movimenti riescono a guadagnare una rilevanza culturale sempre crescente, rispecchiando le preoccupazioni e aspirazioni di una nuova generazione decisa a immaginare un mondo più giusto. La capacità di questi movimenti di generare complicità e simpatia attraverso narrazioni potenti avvalora il loro impatto nella trasformazione della coscienza collettiva. In definitiva, la loro forza risiede non solo nell'evidenziare le ingiustizie, ma nel fare pressione per la costruzione di sistemi più equi e sostenibili che possano durare nel tempo.

Innovazione nel Mondo Digitale

Creatività e Tecnologia

La creatività digitale è diventata una componente fondamentale nel paesaggio contemporaneo dell'innovazione, rappresentando un punto d'incontro tra l'immaginazione umana e la precisione della tecnologia. Questo intreccio dà vita a un nuovo paradigma creativo in cui l'arte e la scienza si fondono per dare origine a una miriade di forme espressive e applicazioni. L'era digitale apre spazi inesplorati per l'innovazione, dove le idee possono essere rapidamente prototipate e condivise globalmente, abbattendo le tradizionali barriere di accesso.

Un aspetto distintivo della creatività digitale è la sua capacità di investire vari settori oltre quello strettamente artistico. Nelle dinamiche aziendali, ad esempio, il marketing digitale utilizza tecnologie avanzate per creare campagne personalizzate che risuonano profondamente con il pubblico target. Le aziende riconoscono il potenziale dei prodotti digitali non solo come strumenti operativi, ma come elementi chiave per raccontare storie e costruire relazioni significative con i consumatori. Questa capacità di intersecare la narrazione creativa con la funzionalità tecnologica esemplifica l'innovazione nel dna delle moderne pratiche commerciali.

Gli strumenti e le tecnologie digitali hanno ridisegnato il concetto di creatività, rendendolo più accessibile e democratico. Il software di design grafico, le applicazioni di editing video e le piattaforme di modellazione 3D consentono a chiunque di esplorare la propria espressione creativa senza dover necessariamente passare per complessi processi formativi tradizionali. Questo accesso democratizzato stimola un nuovo tipo di pensiero creativo, dove le idee possono essere iterate e condivise rapidamente, favorendo una cultura di sperimentazione e innovazione continua.

Nel mercato del lavoro, la creatività digitale è stata riconosciuta come una competenza imprescindibile. Le nuove generazioni, nate in un ambiente già intrinsecamente digitalizzato, sono inclini a sfruttare queste competenze per esplorare forme di lavoro innovative e più flessibili. I professionisti digitali di oggi devono saper navigare tra software diversi e integrare la loro creatività con le nuove tecnologie per sviluppare soluzioni all'avanguardia. Questa flessibilità e adattabilità sono particolarmente apprezzate in un panorama occupazionale in continua evoluzione, dove la capacità di innovare è un requisito fondamentale per il successo.

La creatività digitale non solo influenza i settori tradizionali, ma gioca un ruolo fondamentale nella creazione di Smart Cities e Communities. Le tecnologie come la Realtà Aumentata e Virtuale vengono utilizzate per arricchire la vita urbana, offrendo esperienze sensoriali uniche che migliorano la qualità della vita. I dati raccolti dall'infrastruttura urbana sono utilizzati per ottimizzare l'efficienza operativa e stimolare nuovi livelli di collaborazione tra cittadini e amministrazioni. Questo approccio invita a ripensare lo spazio pubblico e l'interazione sociale attraverso l'obiettivo della tecnologia creativa, prospettando città più intelligenti e interconnesse.

La formazione gioca un ruolo cruciale nel coltivare la creatività digitale, sviluppando le nuove competenze necessarie per affrontare le sfide del futuro. Programmi educativi specifici stanno introducendo elementi di creatività digitale nei curricula tradizionali, incoraggiando gli studenti a connettere diversi domini della conoscenza e ad affrontare problemi complessi da prospettive innovative. Gli istituti scolastici che abbracciano queste metodologie didattiche non solo trasmettono competenze tecniche, ma ispirano una mentalità di pensiero critico e problem-solving creativo che stimola idee audaci e soluzioni originali.

La creatività digitale rappresenta più di una semplice capacità tecnologica; incarna una mentalità che permea ogni aspetto della nostra società, dal lavoro alla scuola, fino al business. Le aziende che abbracciano questa mentalità sono in grado di trovare soluzioni innovative e abbattere barriere tradizionali, creando valore aggiunto non solo per loro stesse ma anche per i clienti e le comunità che servono. In un'epoca segnata dalla quarta rivoluzione industriale, la capacità di coniugare creatività e tecnologia si distingue come uno degli strumenti più potenti per guidare il cambiamento e costruire un domani ancor più innovativo e dinamico.

La spinta verso l'innovazione nel contesto digitale ci impone di ridefinire non solo ciò che facciamo, ma anche come lo facciamo. La combinazione di creatività e tecnologia è la chiave per introdurre processi aziendali più agili e rispondere rapidamente ai cambiamenti nelle aspettative dei consumatori. Le aziende, riconoscendo il valore strategico delle competenze digitali creative, investono sempre più in risorse umane e tecnologiche all'avanguardia per rimanere competitive e rilevanti sul mercato globale. Tale approccio non solo incrementa la produttività, ma rinforza anche la capacità di innovare costantemente, contribuendo a un ambiente economico e sociale più resiliente e prosperoso.

Questa evoluzione si riflette anche nel crescente dialogo tra diverse discipline, dove la collaborazione interdisciplinare genera un terreno fertile per l'innovazione. L'incontro tra scienze umane e tecnologia produce una narrativa comune che permette di affrontare problemi complessi con soluzioni che sintetizzano diversi punti di vista. Questa convergenza di prospettive e competenze è cruciale per costruire un futuro che non solo risponde, ma anticipa, l'impatto dei cambiamenti tecnologici sui nostri ambienti di vita e di lavoro.

In sintesi, la creatività digitale funge da catalizzatore nell'evoluzione della società contemporanea, stimolando l'innovazione in vari settori economici e sociali. La nuova generazione, armata di competenze digitali e una prospettiva innovativa, è pronta a prendere il timone del cambiamento. In questo contesto, la creatività digitale diventa uno strumento essenziale per esplorare possibilità inesplorate e implementare nuove idee che determinano il progresso continuo delle comunità globali. Questo panorama in continua espansione offre opportunità senza precedenti per ridefinire i confini della nostra immaginazione e del nostro potenziale creativo, costruendo un futuro ispirato alla sinergia tra creatività e tecnologia.

Nuove Forme di Comunicazione

L'evoluzione delle tecnologie digitali sta ridisegnando il panorama delle comunicazioni in modi che solo pochi decenni fa sarebbero stati impensabili. L'integrazione di tecnologie all'avanguardia come l'Internet delle Cose (IoT), l'Intelligenza Artificiale (AI), la blockchain e le piattaforme di cloud computing sta trasformando significativamente il modo in cui le persone interagiscono, comunicano e condividono informazioni. Queste tecnologie non solo incrementano l'efficienza nelle comunicazioni, ma ridefiniscono anche le attese in termini di immediatezza e interattività.

L'ascesa dei nuovi canali di comunicazione, in particolare tramite le piattaforme online e i social media, ha rivoluzionato il flusso di informazioni. Strumenti come Zoom, Slack e Microsoft Teams hanno reso il lavoro remoto una realtà quotidiana per milioni di persone in tutto il mondo, abilitando una comunicazione realmente globale. Queste piattaforme facilitano la collaborazione oltre i limiti fisici, creando un'interazione fluida e coordinata tra team geograficamente distanti. Questo cambiamento ha avuto un impatto trasformativo, democratizzando l'accesso al lavoro e favorendo un'esperienza di comunicazione più immediata e dinamica.

Il Metaverso, un concetto che sta guadagnando sempre più trazione, rappresenta una frontiera emergente nella comunicazione digitale. Questo ambiente ibrido tra mondo reale e virtuale permette alle persone di interagire tramite avatar in spazi virtuali condivisi e persistenti. La realizzazione di questo universo virtuale richiede il supporto di tecnologie avanzate come il 5G e il futuro 6G, poiché tali tecnologie sono essenziali per garantire esperienze immersive e senza soluzione di continuità. Il Metaverso non solo colma il divario tra interazioni fisiche e digitali, ma espande anche le possibilità espressive e interattive, aprendo nuovi scenari per la creatività e la socializzazione collettiva.

In termini di sostenibilità e impatto ambientale, la comunicazione digitale ha il potenziale di contribuire in modo significativo al miglioramento dell'efficienza energetica. Ottimizzare la gestione dell'energia nei data center e adottare soluzioni digitali che riducono il consumo di risorse fisiche sono passi importanti verso una comunicazione più ecocompatibile. La crescente consapevolezza dell'impatto ambientale delle nostre attività digitali sta spingendo il settore a cercare soluzioni più verdi, come l'ottimizzazione degli algoritmi e il design di siti web con minor consumo energetico.

L'innovazione nella comunicazione digitale va oltre l'aspetto puramente tecnologico, influenzando profondamente modelli di business e strutture organizzative. Le aziende devono ripensare i loro processi per poter sfruttare appieno i benefici delle nuove tecnologie, migliorando nello stesso tempo l'esperienza dell'utente. La trasformazione digitale richiede organizzazioni agili e flessibili, capaci di rispondere rapidamente alle esigenze del mercato e di anticiparne le tendenze. Questa necessità di trasformazione sta portando alla riprogettazione di processi creativi e produttivi, dove la sperimentazione e l'innovazione continua sono diventate imperativi strategici.

In un contesto di comunicazione che richiede velocità e personalizzazione, la capacità di consegnare messaggi precisi e tempestivi è ora una competenza essenziale. Le tecnologie di analisi dei dati e di marketing personalizzato permettono di comprendere meglio il pubblico, adattando i messaggi ai gusti individuali e alle esigenze specifiche di ciascun utente. Questo approccio non solo migliora l'efficacia delle comunicazioni, ma costruisce anche relazioni più forti e durature tra le aziende e i loro clienti. La possibilità di personalizzare le esperienze di comunicazione in tempo reale rappresenta un vantaggio competitivo cruciale nell'ambiente digitale odierno.

La nuova generazione assume un ruolo centrale in questo scenario di continua innovazione, guidando il cambiamento verso una comunicazione che è non solo più veloce e personalizzata, ma anche più deliberata e sostenibile. La capacità di muoversi tra diversi canali di comunicazione e di sfruttare le tecnologie emergenti ha permesso ai giovani di ridisegnare i confini del dialogo e dell'interazione sociale. Non si tratta semplicemente di accedere a nuove tecnologie, ma di integrare queste capacità in un quadro più ampio di trasformazione culturale e organizzativa.

I cambiamenti culturali indotti da queste innovazioni si stanno diffondendo rapidamente in tutta la società, dettando nuovi modelli di comunicazione e definendo le aspettative di interazione. La fluidità delle comunicazioni digitali sta alterando il modo in cui le persone lavorano, apprendono e si relazionano, favorendo una cultura di condivisione e collaborazione che abbraccia diversità di pensiero e interconnessione globale. Questo approccio aperto e progressivo alla comunicazione promuove un ambiente in cui la conoscenza può essere condivisa senza confini, contribuendo a stimolare l'innovazione e il progresso sociale su scala mondiale.

Nel complesso, le nuove forme di comunicazione si pongono come pilastri di un futuro dove i confini tra reale e virtuale continuano a diminuire. L'evoluzione delle tecnologie digitali porterà a ulteriori innovazioni, ma già oggi stiamo assistendo a una profonda trasformazione del modo in cui interagiamo con il mondo e tra di noi. La sfida per la nuova generazione è quella di navigare questo panorama in rapido cambiamento con saggezza e creatività, sfruttando le opportunità offerte dalla tecnologia per costruire un futuro più interconnesso, equo e sostenibile.

Applicazioni Emergenti

Nell'era digitale odierna, le applicazioni emergenti stanno trasformando radicalmente il modo in cui viviamo, lavoriamo e interagiamo. L'intelligenza artificiale (AI) e il machine learning sono tra le tecnologie più influenti, avendo già permeato molte delle nostre attività quotidiane. Dalla personalizzazione delle esperienze musicali alla gestione dei flussi informativi sui social media, gli algoritmi di AI stanno ricostruendo abilità umane come il ragionamento, l'apprendimento e la pianificazione. La diffusione di queste tecnologie richiede un'attenta considerazione etica e una regolamentazione che ne guidino l'uso in modo responsabile.

Il cloud computing e l'edge computing sono fondamentali per sostenere l'espansione di molte applicazioni digitali. Mentre il cloud computing consente il processamento centralizzato dei dati, facilitando l'accesso e la gestione delle informazioni su larga scala, l'edge computing sfrutta dispositivi distribuiti per migliorare l'interoperabilità e ridurre la latenza. Questo equilibrio tra centralizzazione e decentralizzazione è vitale per rispondere alle esigenze del mercato moderno, dove la velocità e l'efficienza sono cruciali.

L'Internet delle Cose (IoT) rappresenta una rivoluzione silenziosa che sta influenzando una vasta gamma di settori, dall'istruzione all'assistenza sanitaria. Integrando dispositivi connessi, l'IoT ottimizza i processi operativi e migliora l'esperienza del cliente, creando ecosistemi più intelligenti e reattivi. Nelle case, nelle città e nelle aziende, l'IoT facilita una maggiore automazione e connettività, promuovendo ambienti che apprendono e si adattano in tempo reale.

Le tecnologie di realtà aumentata (AR) e virtuale (VR) stanno spingendo i confini dell'immaginazione, creando esperienze immersive che stanno ridefinendo il marketing, l'intrattenimento, la formazione e l'assistenza sanitaria. AR sovrappone elementi digitali nel mondo fisico, migliorando l'interazione quotidiana, mentre VR genera interi ambienti virtuali che possono essere esplorati senza limitazioni fisiche. Queste tecnologie non solo offrono esperienze uniche, ma aprono anche nuove frontiere per la creatività e l'apprendimento.

Nel campo della sicurezza e della trasparenza, la blockchain emerge come un importante strumento. Con la capacità di garantire transazioni sicure e verificabili, la blockchain sta guadagnando trazione in settori che necessitano di fiducia e autenticità, come la finanza e la logistica. La creazione di un registro distribuito che non può essere alterato implica un potenziale significativo per migliorare l'efficienza operativa e ridurre i rischi di frode.

La tecnologia 5G e il concetto di hyperautomation rappresentano una congiunzione potente tra velocità di connessione e automazione avanzata. 5G offre una connettività superiore, essenziale per gestire l'enorme flusso di dati generato dalle applicazioni più recenti. L'hyperautomation sfrutta al massimo le capacità dell'intelligenza artificiale e della robotica per automatizzare processi complessi su una scala senza precedenti, rivoluzionando così il modo in cui le aziende operano e interagiscono con i clienti.

La sicurezza adattiva e la sovranità del cloud sono componenti critiche per proteggere i dati sensibili e garantire conformità normativa, in particolare in contesti come la pubblica amministrazione. Con la crescente minaccia delle violazioni informatiche e la necessità di rispettare normative sempre più stringenti, l'adozione di strategie di sicurezza proattive e il controllo dei dati su piattaforme cloud sono diventati aspetti essenziali per ogni organizzazione.

Le tecnologie emergenti stanno rimodellando non solo la competitività del mercato, ma anche il panorama sociale, potenziando la produttività e generando una crescita economica robusta. Queste innovazioni digitali non solo accelerano i processi economici, ma sono anche vettori di evoluzione culturale, stimolando un cambiamento nel modo in cui comprendiamo e interagiamo con il mondo. La cultura digitale richiede un approccio etico e incrementale all'implementazione tecnologica, per garantire che i benefici dell'innovazione siano accessibili e sostenibili per tutti.

Il potere abilitante delle persone è un altro aspetto chiave di questa rivoluzione; le tecnologie digitali offrono opportunità di apprendimento senza precedenti e migliorano la qualità della vita umana. Dalla telemedicina alla formazione online, le tecnologie emergenti stanno abbattendo le barriere geografiche e culturali, consentendo un accesso equo a risorse di conoscenza e servizi essenziali.

Tuttavia, l'adozione di queste innovazioni introduce nuove sfide e rischi. La gestione del rischio nell'AI, ad esempio, richiede una comprensione approfondita dei potenziali effetti su privacy, occupazione e sicurezza. Innovare in modo responsabile significa prevedere le implicazioni etiche e sociali delle nuove tecnologie e sviluppare strategie per mitigarne i rischi.

La nuova generazione gioca un ruolo cruciale nel plasmare il futuro delle applicazioni emergenti. Dotata di competenze digitali avanzate e una mentalità orientata all'innovazione, sarà fondamentale per guidare il cambiamento nell'economia globale. Comprendere e abbracciare queste tecnologie non è solo una questione di progresso economico, ma di sostenibilità sociale. La capacità di integrare armoniosamente l'innovazione nei processi e nelle culture organizzative è una competenza chiave del XXI secolo.

Integrare le tecnologie emergenti richiede una gestione attenta dei rischi e un approccio che metta al centro l'etica. L'adozione consapevole e responsabile di questi strumenti aprirà la strada a una società più equa e innovativa, in cui il progresso tecnologico cammina di pari passo con lo sviluppo umano. La sfida consiste nel bilanciare il potenziale delle applicazioni emergenti con le necessità di un mondo che deve rispondere a sfide complesse e interconnesse, dove la tecnologia è tanto un'opportunità quanto una responsabilità.

Cultura e Influenza Giovanile

Espressione Artistica

L'espressione artistica, nel contesto della crescita e formazione giovanile, riveste un ruolo fondamentale nel promuovere benessere, stimolare la coesione sociale e contribuire alla costruzione del futuro. Le arti offrono uno spazio sicuro per l'esplorazione delle emozioni e lo sviluppo personale e sociale, fungendo da catalizzatore per il cambiamento positivo. La rilevanza delle attività artistiche nella promozione della salute mentale è stata ampiamente riconosciuta. Uno studio dell'Organizzazione Mondiale della Sanità del 2019 ha evidenziato come la partecipazione ad attività artistiche può avere effetti benefici nella gestione di ansia, depressione e altre patologie psichiatriche, sottolineando l'importanza delle arti come strumento di prevenzione e supporto.

La pandemia di COVID-19 ha amplificato la fragilità della salute mentale tra i giovani, aggravando i sintomi di ansia, depressione e portando in alcuni casi a tendenze suicidarie. In tale contesto, l'arte è emersa come un intervento vitale per affrontare queste difficoltà. Numerose iniziative artistico-culturali sono state lanciate per fornire supporto emotivo e ridurre l'isolamento durante i periodi di lockdown. La partecipazione a progetti artistici online e a workshop creativi ha offerto ai giovani un mezzo per connettersi con gli altri e esprimere le loro esperienze, creando uno spazio per la condivisione e la guarigione collettiva.

L'efficacia delle arti nella promozione del benessere giovanile dipende dalla collaborazione tra settori culturali, sanitari e sociali. Una cooperazione efficace tra questi settori può favorire l'integrazione della cultura all'interno delle strategie di benessere, garantendo che le risorse e i programmi siano attuati in modo concertato e strategico. Stakeholder a livello locale, regionale e globale devono unire le forze per sostenere e ampliare il raggio d'azione di queste iniziative, garantendo che arrivino a un pubblico giovane ampio e diversificato.

L'espressione artistica funge anche da potente strumento per la socializzazione e la formazione di legami comunitari. Attraverso il linguaggio universale dell'arte, i giovani possono costruire un senso di appartenenza e ridurre le distanze culturali e sociali tra di loro.

Progetti collaborativi, come murales comunitari e rappresentazioni teatrali, invitano alla partecipazione e promuovono valori di tolleranza e accettazione, contribuendo a smantellare pregiudizi e ostilità. La creazione artistica collettiva aiuta a formare una rete di supporto che è fondamentale per la crescita e la resilienza individuale e collettiva.

La pandemia ha offerto anche un'occasione per ripensare e riposizionare i valori e le pratiche artistiche. La scena artistica contemporanea si sta adattando alle emozioni e alle sfide dell'era post-pandemica, spostando l'attenzione oltre la dimensione commerciale per includere una crescita morale e civile. L'arte ora è chiamata a riflettere su temi più profondi, come il ruolo della comunità, la sostenibilità e l'empatia. Gli artisti, in particolare quelli giovani, stanno rispondendo a queste sfide con lavori che esplorano la condizione umana e che stimolano una più vasta riflessione sociale.

La creatività giovanile è cruciale non solo per l'innovazione culturale, ma anche per l'economia creativa, specialmente in un periodo post-pandemico dove il rilancio dei settori culturali è fondamentale. Le nuove sfide presentano anche nuove opportunità per l'espressione artistica, e i giovani sono particolarmente attrezzati per esplorarle, portando nuove prospettive e approcci innovativi. Iniziative creative hanno il potenziale di rinvigorire l'economia, stimolando settori come il turismo culturale, il digitale creativo, e l'arte pubblica. Investire nella creatività giovanile significa alimentare un segmento vitale per il futuro economico e culturale.

Per trarre pieno vantaggio dal potere trasformativo dell'arte, è cruciale che ci sia una concertazione tra istituzioni e progettualità ad ogni livello. La collaborazione tra diverse parti coinvolte è necessaria per ampliare l'accesso all'arte e per fare sì che le sue potenzialità vengano riconosciute e sfruttate pienamente. Inoltre, la stessa arte deve evolvere, riflettendo e adattandosi alle rapide trasformazioni culturali e sociali che caratterizzano la nostra epoca.

Le arti offrono un modo per articolare e affrontare questioni complesse della vita moderna, dall'identità personale al significato di comunità nell'era digitale. Questa capacità dell'arte di favorire il dialogo, l'autocoscienza e l'innovazione narrativa è ciò che la rende un pilastro imprescindibile per il futuro della formazione giovanile. Lo sviluppo di un pensiero critico e di una sensibilità artistica può fornire ai giovani gli strumenti necessari per diventare cittadini più coinvolti e consapevoli, capaci di guidare il cambiamento sociale attraverso mezzi creativi e collaborativi.

L'influenza dell'espressione artistica sulla cultura e sulla società dimostra quanto sia essenziale per la crescita di una generazione impegnata e creativa. I giovani, attraverso l'arte, sono in grado di esprimere e risolvere le loro ansie, confrontarsi con l'invariabile complessità del mondo circostante e promuovere un cambiamento che rispecchia le loro aspirazioni collettive per un futuro più inclusivo e armonioso.

Tendenze Culturali

La cultura giovanile si presenta oggi come un mosaico complesso, in cui la frammentazione e la varietà delle subculture giocano un ruolo predominante. A differenza delle generazioni passate, la cultura giovanile contemporanea deriva non solo dai tradizionali riferimenti adulti, ma trae ispirazione e influssi da una vasta gamma di fonti, riflettendo una realtà sociale in rapida evoluzione. Le subculture, che abbracciano moda, musica, attivismo e comportamento sociale, vengono adottate e interiorizzate in modi differenti dai giovani, creando una continua dinamica di innovazione culturale.

L'influenza culturale è un fattore determinante nella formazione delle preferenze dei consumatori, modellando le scelte individuali e collettive attraverso i media che fungono da catalizzatori. Questi ultimi, in particolare, occupano uno spazio significativo nel plasmare le percezioni culturali, riflettendo e a volte guidando l'evoluzione dello zeitgeist attraverso narrative condivise globalmente. La diversità dei contesti socio-culturali arricchisce questo arazzo, offrendo una tavolozza di credenze, valori e tradizioni da cui i giovani scelgono e si ispirano.

Il benessere mentale dei giovani, oggi più che mai, è strettamente legato alle attività artistiche e culturali. Negli ultimi anni, numerosi studi hanno evidenziato la correlazione positiva tra partecipazione culturale e salute mentale, sottolineando l'importanza di progetti artistico-culturali per la prevenzione di disturbi come l'ansia e la depressione. Durante la pandemia di COVID-19, queste attività sono emerse come preziose risorse per fronteggiare l'isolamento e la stress associati alle restrizioni, creando spazi di espressione e connessione.

La collaborazione tra settori culturali, sanitari e sociali si rivela essenziale per promuovere iniziative che sostengano il benessere giovanile. Attraverso progetti condivisi e cooperazioni interdisciplinari, si possono sviluppare sinergie che amplificano l'impatto positivo delle attività culturali, garantendo il sostegno del benessere mentale e sociale dei giovani. Questi partenariati sono cruciali per costruire reti di supporto resiliente, che rispondano alle esigenze di una generazione che affronta sfide senza precedenti.

La costruzione dell'identità giovanile si snoda attraverso un processo dinamico e complesso, in cui la ricerca di sé è influenzata da molteplici fattori. I giovani assortiscono e assimilano continuamente elementi delle varie subculture, plasmando la propria immagine personale in un dialogo costante con l'ambiente circostante. Famiglia, media ed esperienze sociali agiscono da filtri fondamentali nella selezione e nell'integrazione di questi input culturali, mentre i meccanismi cognitivi, affettivi e sociali determinano fasi distintive di sviluppo durante l'adolescenza.

Man mano che i giovani navigano nei diversi stadi dell'adolescenza, dalla prima alla tarda adolescenza, l'evoluzione dell'immagine di sé avviene attraverso continue interazioni con le influenze culturali. Questo processo di formazione identitaria non è mai statico; si adatta e si trasforma in risposta a nuove esperienze e stimoli, evidenziando la capacità dei giovani di ridefinire continuamente il loro posto nel mondo. È attraverso questo prisma di scoperta personale che la nuova generazione imprime la propria impronta unica sulla società.

La nuova generazione si sta affermando come protagonista nella ridefinizione del futuro, infondendo una maggiore consapevolezza culturale e una partecipazione attiva nelle dinamiche sociali. L'integrazione di elementi culturali diversi, dalla moda all'arte, promuove la diversità e l'inclusività come valori fondamentali di una società evoluta e aperta. Questa tendenza non solo arricchisce il tessuto culturale, ma stimola anche l'industria creativa a esplorare e abbracciare nuove prospettive, costruendo un mercato più rispondente alle esigenze di una popolazione sempre più globalizzata e interconnessa.

La comprensione dell'influenza culturale si rivela centrale per la formazione di un'industria più inclusiva e diversificata, capace di rispecchiare fedelmente le aspettative e i valori della nuova generazione. In questo contesto, la cultura diventa non solo un medium di espressione personale, ma anche una piattaforma di dialogo interculturale, favorendo uno scambio arricchente tra diversi segmenti della società. Attraverso l'adozione di modelli inclusivi e partecipativi, la cultura giovanile crea ponti che uniscono mondi e comunità diverse.

I cambiamenti nella cultura giovanile riflettono un più ampio movimento verso una società in cui la diversità e l'inclusività sono celebrate e non solo tollerate. Iniziative culturali che promuovono la giustizia sociale e l'uguaglianza di opportunità sono particolarmente rilevanti, poiché incoraggiano i giovani a impegnarsi attivamente per un futuro migliore e più equo. Questo impegno per il progresso sociale attraverso la lente della cultura e dell'arte offre un modello di leadership giovane che è innovativa, empatica e profondamente interconnessa con le sfide globali contemporanee.

Il ruolo della cultura nella promozione del cambiamento sociale è reso evidente dalle modalità con cui la nuova generazione utilizza le tendenze culturali per influenzare non solo i prodotti e i servizi, ma anche le strutture istituzionali e politiche. Attraverso movimenti culturali e sociali, i giovani stanno ridefinendo le normative e spingendo per politiche che riflettano meglio la realtà del mondo in cui vivono. Questo comportamento generazionale non solo guida l'innovazione, ma sottolinea anche l'importanza di un ascolto intergenerazionale attivo per costruire un ambiente globale equilibrato e sostenibile.

Le tendenze culturali emerse dall'influenza giovanile rappresentano una finestra sulle aspirazioni collettive di una generazione che sta attivamente modellando il proprio futuro. Ogni espressione culturale è una traccia delle complesse interazioni tra identità personale e collettiva, un dialogo continuo che definisce e redefine la condizione umana. Questo ciclo evolutivo dinamico assicura che la cultura resti un vivace riflesso della società, capace di adattarsi e prosperare in un mondo in costante mutamento.

Costruire Comunità Globali

Costruire comunità globali rappresenta un punto focale nel plasmare il futuro attraverso il potere culturale e l'influenza giovanile. I giovani di oggi stanno riscrivendo le modalità di interazione culturale, promuovendo l'inclusione e l'interculturalità come elementi essenziali per una società equa. Progetti come eTwinning, volti a promuovere la comprensione interculturale, svolgono un ruolo cruciale nel superamento delle barriere geografiche e socioeconomiche, consentendo ai giovani di tutte le origini di interagire e lavorare insieme su piattaforme comuni. Queste iniziative sono particolarmente efficaci nel favorire un clima inclusivo, dove la diversità è accettata e promossa come valore aggiunto.

Il ruolo dei giovani nella costruzione di comunità interculturali è sempre più evidente, con una mobilitazione che li vede prendere parte attiva come leader e agenti di cambiamento. Il loro impegno civico, spesso sostenuto dall'energia e dall'entusiasmo propri della gioventù, è fondamentale per lo sviluppo di città più inclusive, in cui ogni individuo ha la possibilità di contribuire al benessere comune. Iniziative che investono in progetti di servizio civico e comunitario permettono ai giovani di tradurre le loro idee in azioni, promuovendo una società più giusta e aperta a tutti.

La tecnologia funge da catalizzatore in questa trasformazione, offrendo strumenti che facilitano l'apprendimento e l'interazione su scala mondiale. Le competenze globali, rese accessibili attraverso un uso efficace della tecnologia, permettono ai giovani di esprimersi responsabilmente e navigare in ambienti complessi e digitalizzati. Queste capacità non solo migliorano le condizioni di vita nelle loro comunità locali, ma contribuiscono anche a costruire una società più interconnessa e sostenibile. I giovani dotati di queste competenze sono in grado di intraprendere azioni informate, agendo come ponti tra culture diverse e facilitando un dialogo interculturale profondo.

Una delle preoccupazioni emergenti è la salute mentale dei giovani, acuita dalle sfide poste dalla pandemia. Le attività artistiche e culturali possono avere un effetto profondamente benefico, offrendo uno sfogo creativo che promuove il benessere mentale e aiuta a prevenire il disagio. Collaborazioni tra settori culturali, sanitari e sociali sono essenziali per creare un ecosistema di supporto integrato che possa rispondere efficacemente alle esigenze dei giovani. Questo approccio multidisciplinare garantisce che le risorse siano accessibili a livello locale, regionale e globale, coltivando un ambiente che favorisce il benessere psicologico e sociale.

I giovani stanno inoltre giocando un ruolo sempre più attivo nello sviluppo sostenibile, dimostrando un impegno per il benessere collettivo e la difesa della dignità degli individui. Sono coinvolti in iniziative volte a promuovere una consapevolezza globale su temi critici come la crisi dei rifugiati e i cambiamenti climatici. La loro capacità di iniziare campagne globali e di diffondere pensieri personali su questi temi dimostra un senso di responsabilità globale e una volontà di contribuire a un futuro più giusto, con azioni che mirano non solo a spiegare, ma anche a risolvere le problematiche sociali.

Il potenziale dei giovani come agenti di cambiamento è immenso. La loro capacità di costruire comunità globali più inclusive e sostenibili non è solo una questione di vantaggio generazionale, ma una necessità per il futuro della nostra società. L'interculturalità e l'impegno civico sono strumenti potenti per la trasformazione sociale, in cui il benessere diventa un obiettivo comune. Attraverso l'educazione e la partecipazione attiva, i giovani possono sfruttare le diversità culturali per generare innovazione e coesione, trasformando le differenze in un valore condiviso.

Costruire comunità globali non riguarda solo l'abbattimento dei confini fisici, ma anche la costruzione di reti di solidarietà che rispondono alle sfide globali con soluzioni locali. I giovani, opportunamente supportati e stimolati, possono guidare l'innovazione sociale, dimostrando che l'unione di diverse prospettive culturali genera una forza creativa capace di affrontare dilemmi complessi. Il loro contributo si traduce non solo in un miglioramento delle comunità di appartenenza, ma anche in un progresso significativo per l'umanità nel suo complesso.

Le iniziative dei giovani nel campo della sostenibilità e del benessere della comunità mettono in risalto quanto possa essere potente l'interconnessione globale. In un mondo che diventa sempre più complesso, le soluzioni devono essere altrettanto sfumate e adattative. La capacità dei giovani di unire la tecnologia con le competenze interculturali offre una prospettiva unica per costruire un mondo in cui tutti possono prosperare.

In sintesi, la costruzione di comunità globali attraverso la cultura e l'influenza giovanile rappresenta un potente paradigma per il futuro. I giovani si trovano in una posizione unica per sfruttare le nuove tecnologie, l'interculturalità e l'impegno civico per costruire reti che non solo trascendono i confini, ma che abbracciano un'umanità condivisa, valorizzando la diversità come un'inesauribile fonte di forza collettiva. Le loro azioni oggi costruiscono le fondamenta di un futuro in cui la giustizia, la sostenibilità e il benessere universale sono alla portata di tutti, senza distinzione di confini o culture.

Leadership e Cambiamento

Storie di Successo

Le storie di successo legate alla leadership e alla gestione del cambiamento rappresentano modelli concreti attraverso i quali la nuova generazione può comprendere e apprezzare le dinamiche che segnano il passaggio verso una società più flessibile e innovativa. Tra i fattori chiave che caratterizzano i leader di successo, l'intelligenza emotiva si distingue come una componente essenziale. La consapevolezza di sé, unita ad abilità quali l'autocontrollo, la motivazione e l'empatia, consente ai leader di connettersi autenticamente con i loro team, comprendendo le necessità e i sentimenti che animano ciascun membro.

La leadership collaborativa è divenuta un requisito fondamentale nel contesto moderno, in cui i problemi complessi richiedono non solo la partecipazione attiva, ma anche la diversificazione dei punti di vista. In questo paradigma, i leader non si limitano a dettare ordini, ma incoraggiano le persone a contribuire attivamente al processo decisionale. Questo coinvolgimento crea un ambiente di lavoro aperto e trasparente in cui la fiducia si radica e le idee innovative possono emergere. La collaborazione riduce le distanze gerarchiche e promuove un senso di appartenenza che ottimizza il contributo individuale e collettivo.

La gestione del cambiamento viene intesa come un processo perennemente in evoluzione, il quale esige un elevato grado di flessibilità e la capacità di comunicare con chiarezza. I leader devono essere in grado di interpretare le resistenze che possono ostacolare i progressi, affrontandole con trasparenza e dialogo. È essenziale, in questo contesto, fornire una chiara visione dei benefici che il cambiamento può portare, non solo per l'organizzazione, ma anche per il potenziamento professionale di ciascun individuo coinvolto. La comunicazione aperta evita malintesi e costruisce una narrativa condivisa sulla quale improntare l'azione comune.

Il successo di un leader moderno è spesso legato alla sua capacità di visione e creatività. Questo non si traduce solo nell'immaginare il futuro, ma anche nel coltivare l'innovazione attraverso un costante esercizio di pensiero creativo. Come dimostrano personaggi storici quali Leonardo da Vinci, l'innovazione nasce dalla passione e da una costante perseveranza nei confronti delle sfide. Una visione lungimirante e l'impegno verso l'arte del possibile consentono di affrontare i cambiamenti non solo come necessità, ma come opportunità di crescita e sviluppo.

Il mondo contemporaneo richiede ai leader di oggi una padronanza che va oltre le competenze tecniche. La leadership, per essere vera e significativa, necessita di abilità soft come la capacità di lavorare in team, di comunicare efficacemente, di accogliere le diversità e di promuovere un ambiente di apprendimento continuo. I leader devono saper trasformare gli errori in momenti di crescita, alimentando una cultura organizzativa che valorizza l'innovazione e la curiosità. La capacità di imparare e adattarsi rapidamente ai cambiamenti è cruciale per mantenere un vantaggio competitivo nel mercato globale.

Esiste una correlazione diretta tra una leadership efficace e l'impatto positivo sulla redditività delle organizzazioni. Strategie di cambiamento ben gestite possono ridurre i tassi di abbandono del personale, migliorare la soddisfazione lavorativa e dare impulso alle vendite. In questo senso, i leader devono essere capaci di far confluire i cambiamenti micro, come lo sviluppo di nuove competenze, con quelli macro, come la ridefinizione degli obiettivi aziendali, per garantire un allineamento con la visione strategica dell'impresa. Questo allineamento guida le organizzazioni verso risultati sostenibili e duraturi.

Tra le storie di successo spicca quella di giovani leader che hanno saputo incarnare questi principi, trasformando iniziative locali in movimenti globali. Tali individui hanno applicato intelligenza emotiva nel connettersi con persone di indicatori culturali diversi, utilizzando leadership collaborativa per costruire reti di supporto e competenze diffuse. Hanno mostrato come un chiaro senso della direzione e la capacità di navigare nell'incertezza siano tasselli fondamentali per condurre un'organizzazione attraverso la dinamica del cambiamento.

L'agilità, una caratteristica distintiva dei leader di successo, permette di affrontare situazioni impreviste e di adattarsi rapidamente senza perdere di vista l'obiettivo finale. Le storie di successo evidenziano che la vera leadership non consiste nell'assenza di errore, ma nella capacità di rispondere in modo efficace e creativo alle sfide che emergono. In questo senso, la capacità di ispirare fiducia attraverso una comunicazione chiara e onesta diventa una componente determinante per superare le avversità e mantenere l'equilibrio all'interno della squadra.

Il coraggio di sognare e l'abilità di trasformare visioni intangibili in realtà concrete rappresentano una narrazione potente nelle storie di successo della leadership moderna. Questi leader spesso si distinguono per la loro capacità di mobilitare risorse, creare alleanze strategiche e costruire collaborazioni di valore aggiunto. Essi dimostrano che il cambiamento efficace non è un'impresa solitaria, ma il risultato di uno sforzo collettivo, animato da un senso comune di scopo e ottimismo.

Le storie di successo di questi leader dimostrano inequivocabilmente che il vero potere sta nella connessione umana e nella capacità di influenzare positivamente la vita degli altri. La nuova generazione, con la sua energia e la sua apertura verso il cambiamento, ha il potenziale per riscrivere il concetto stesso di leadership, rendendolo più inclusivo, più dinamico e più collegato ai bisogni reali della nostra società in continua evoluzione.

Sfide di Leadership

Nel panorama attuale, le sfide di leadership si manifestano come un insieme complesso di elementi che richiedono ai leader di navigare attraverso un ambiente sempre più dinamico e in continua evoluzione. Un elemento centrale della leadership del cambiamento è l'approccio centrato sulle persone, che implica l'abilità di ispirare e influenzare attraverso autenticità, visione chiara e accesso alle risorse necessarie. I leader non possono limitarsi a gestire singoli progetti di cambiamento, ma devono adottare una strategia continua che incoraggi un ambiente di innovazione e resilienza.

Le competenze chiave richieste ai leader di oggi includono una solida base di abilità comunicative, sociali e relazionali. La capacità di risolvere problemi in modo creativo, di prendere decisioni rapide in situazioni di emergenza e di considerare il cambiamento come un'opportunità competitiva sono caratteristiche imprescindibili. Queste competenze pongono le basi per una leadership efficace, capace di condurre team eterogenei attraverso la complessità e l'incertezza ambientale.

La sostenibilità non è più una scelta opzionale ma una necessità impellente per le organizzazioni moderne. I leader giocano un ruolo cruciale nel promuovere un cambiamento culturale e comportamentale che abbracci i principi della sostenibilità. Adottare un mindset sostenibile significa promuovere iniziative che non solo riducono l'impatto ambientale dell'azienda, ma che contribuiscano anche al benessere dei dipendenti, della comunità e dei clienti. Questo richiede uno sforzo concertato per sensibilizzare e coinvolgere ogni livello dell'organizzazione su tali tematiche.

Un altro aspetto fondamentale delle sfide odierne è la promozione della diversity, equity e inclusion (DEI) all'interno delle organizzazioni. I luoghi di lavoro che abbracciano una cultura inclusiva sono spesso più innovativi e raggiungono più facilmente i loro obiettivi. I leader sono chiamati a creare ambienti in cui ogni voce sia ascoltata e valorizzata, riconoscendo che una forza lavoro diversificata porta con sé un ampio spettro di idee e prospettive che arricchiscono il processo decisionale e alimentano l'innovazione.

L'innovazione e l'intelligenza collettiva rappresentano pilastri critici per la leadership del futuro. Coinvolgere un numero crescente di persone nei processi decisionali non solo accresce il senso di appartenenza e impegno, ma rafforza le basi per l'innovazione continua. I leader devono essere abili facilitatori, capaci di orchestrare talenti e risorse per produrre risultati che superino le aspettative individuali e collettive.

La gestione dei talenti e la retention diventano un imperativo strategico in un contesto di mercato sempre più competitivo e complesso. Trattenere le menti brillanti richiede l'adozione di strategie che promuovano un ambiente di lavoro stimolante, supportando lo sviluppo professionale continuo e riconoscendo il contributo unico che ogni individuo apporta. I leader devono sapere come attrarre e trattenere il talento, non solo attraverso incentivi economici, ma costruendo una cultura aziendale che celebri l'apprendimento e la crescita costanti.

Affrontare le continue sfide del cambiamento richiede, inoltre, un mindset aperto e flessibile, supportato da nuove abilità. La capacità di lavorare efficacemente in team, applicare conoscenze in modo pratico e comunicare in maniera chiara e persuasiva sono competenze indispensabili per i leader di oggi. L'apprendimento continuo diventa così un pilastro della leadership moderna, fornendo gli strumenti necessari per innovare e adattarsi rapidamente ai mutamenti.

La leadership contemporanea è chiamata a rispondere a tendenze critiche che includono la sostenibilità, l'inclusione, l'innovazione e il benessere. I leader devono navigare tra le pressioni per perseguire l'efficienza, rispettando allo stesso tempo l'eticità e la responsabilità sociale delle loro azioni. Si tratta di un compito complesso che richiede una maggiore sensibilità verso l'ambiente e le persone, equilibri tra quadri economici immediati e una visione a lungo termine fondata sul valore umano e collettivo.

Le sfide attuali rappresentano anche un'opportunità senza precedenti per la nuova generazione di leader, che ha il potenziale di riscrivere le regole della leadership attraverso un approccio proattivo, creativo e centrato sull'uomo. Adottando un modello di leadership fondato su questi principi, è possibile guidare il cambiamento in maniera non solo più produttiva, ma anche più sostenibile ed equa.

Il successo della leadership del futuro dipende da un impegno continuo per l'apprendimento e l'adattamento. I leader dovranno essere pionieri dell'innovazione e ambasciatori di un cambiamento che rispetti i valori fondamentali della dignità umana e della giustizia sociale. In un mondo in cui le sfide sono sempre più complesse e interconnesse, la capacità di coltivare la resilienza e alimentare il dialogo tra culture e discipline diverse diventa un segno distintivo della vera leadership.

Previsioni demografiche, trasformazioni tecniche, e cambiamenti nelle aspettative della forza lavoro influenzano profondamente le dimensioni di queste sfide. I leader devono rimanere informati su queste tendenze per poter affrontare con successo la modifica dei modelli di business e l'evoluzione delle dinamiche lavorative. Un impegno strategico per coltivare relazioni trasparenti e significative in tutte le sfere dell'influenza organizzativa, economica e sociale determinerà in larga misura il successo e la sostenibilità della leadership futura.

Futuro della Governance

Il futuro della governance aziendale si prospetta come un viaggio complesso e stimolante in cui leadership e cambiamento devono essere orchestrati con una consapevolezza straordinaria delle dinamiche emergenti. Le aziende si trovano a navigare in un contesto di cambiamenti economici, sociali e tecnologici che evolvono a una velocità sorprendente. Questo ambiente richiede ai leader di essere non solo reattivi, ma anche proattivi e anticipatori, maturando una capacità di adattamento che integri agilità e visione strategica.

Una leadership inclusiva emerge come un elemento indispensabile per affrontare le sfide future con successo. I consigli di amministrazione, tradizionalmente dominati da una visione singolare, stanno iniziando a incorporare direttori non esecutivi e consulenti strategici per arricchire la loro prospettiva. Questa diversificazione delle voci non solo facilita il confronto su questioni complesse, ma consente anche di affrontare con maggiore efficacia le tensioni intergenerazionali e culturali che caratterizzano il panorama attuale.

La diversità, l'equità e l'inclusione sono componenti cruciali per potenziare le performance aziendali e costruire un vantaggio competitivo duraturo. I consigli di amministrazione non devono solo incoraggiare queste pratiche, ma supervisionarle attivamente, assicurandosi che siano radicate nelle strategie aziendali. Un ambiente di lavoro inclusivo incide significativamente sulla capacità dell'organizzazione di attrarre e mantenere talenti, e di alimentare un clima di innovazione continua.

La governance aziendale deve continuamente evolversi di fronte a sfide che richiedono una rapida adattabilità e una profonda comprensione del contesto globale. I consigli di amministrazione, per essere efficaci, devono impegnarsi in una valutazione continua della leadership e delle strategie per assicurare che l'organizzazione rimanga allineata con le aspettative e gli interessi degli stakeholder. Le decisioni non possono più essere dettate puramente dalla logica del profitto immediato, ma devono riflettere una sostenibilità e una responsabilità condivisa nel lungo periodo.

Le competenze soft, un tempo considerate accessorie rispetto alle abilità tecniche, hanno acquisito un'importanza cruciale nel panorama della leadership moderna. La capacità di imparare e "disimparare" si pone come una delle competenze fondamentali che i leader devono coltivare per rimanere rilevanti. Questo implica un processo di continuo apprendimento che non solo incoraggia l'apertura a nuove idee e metodi, ma consente anche una rapida dismissione di pratiche obsolete che non servono più al contesto organizzativo.

Uno degli strumenti più potenti per affrontare le sfide nel futuro della governance aziendale risiede nella creazione di consigli di amministrazione inclusivi. Questi consigli dovrebbero essere composti da una varietà di esperti esterni che possano fornire prospettive diversificate e consigliare su temi strategici come l'innovazione e l'espansione internazionale. Questa apertura all'esterno alimenta un dialogo costante tra l'organizzazione e il suo ecosistema, promuovendo un'integrazione di idee che possono guidare verso soluzioni più innovative e pragmatiche.

La leadership del cambiamento presuppone un'attitudine proattiva, in cui i leader non solo guidano il cambiamento, ma lo ispirano. Questo richiede una chiarezza di visione e una strategia ben definita, accompagnate dalla capacità di comunicare in modo efficace e motivante. Il supporto in periodi di transizione è essenziale per garantire che i dipendenti rimangano coinvolti e allineati con gli obiettivi comuni. La resilienza organizzativa prospera in ambienti in cui il cambiamento è accolto con entusiasmo e la stabilità non è sinonimo di immobilità.

L'allineamento organizzativo è fondamentale per ottenere il successo. Per realizzarlo, la leadership deve lavorare strettamente con i team esecutivi per costruire una comprensione condivisa di obiettivi, strategie e metodologie. Questo richiede un approccio che integri ascolto attivo, chiarezza comunicativa e una leadership che ispira fiducia e collaborazione. L'orientamento chiaro che ne deriva diventa la barra di misurazione attraverso cui tutti i successi e le sfide vengono valutati, adattando il percorso senza perdere di vista la meta.

In sintesi, il futuro della governance richiede una leadership che sia non solo adattiva e inclusiva, ma anche vividly lungimirante. Affrontare i rapidi cambiamenti che caratterizzano il nuovo millennio significa poter contare su strategie di DE&I ben consolidate, consigli di amministrazione che abbracciano la diversità di pensiero e un continuo impegno verso l'apprendimento e l'innovazione. Questo paradigma non solo migliorerà le performance delle organizzazioni, ma contribuirà anche a costruire un ambiente economico e sociale più equo e sostenibile per le generazioni future.

Tecnologia per il Bene Sociale

Progetti Impactful

Nell'era digitale, la tecnologia ha il potenziale di trasformare significativamente il servizio sociale, aprendo nuove frontiere per l'inclusione e il miglioramento del benessere collettivo. Le tecnologie dell'informazione e della comunicazione (ICT) stanno già rivoluzionando questo settore, rendendo la gestione delle relazioni e delle comunicazioni più efficiente, specialmente per le persone con disabilità visive, uditive o intellettive. Progetti innovativi promossi da organizzazioni come l'American Academy of Social Work and Social Welfare sottolineano l'importanza di utilizzare la tecnologia per affrontare sfide sociali pressanti, offrendo strumenti concreti per abbattere le barriere che limitano la partecipazione attiva nella società.

Iniziative come il "Tech for Social Impact" di Trentino Innovation fungono da esempio di come la tecnologia possa essere diretta a migliorare l'impatto sociale. Questi progetti non sono solo orientati verso l'implementazione di soluzioni digitali, ma coinvolgono anche un elemento di formazione essenziale per i professionisti interessati. Attraverso corsi specializzati, gli esperti vengono dotati delle competenze necessarie per sviluppare e implementare soluzioni che potenziano i progetti sociali, promuovendo innovazione nell'impresa sociale. L'integrazione di tecnologia e innovazione sociale rappresenta una potente leva per generare cambiamenti significativi e duraturi.

La partecipazione e l'inclusione sociale sono ulteriormente facilitate dall'uso delle tecnologie digitali, che offrono ponti per connettere individui e comunità altrimenti isolati. Un esempio di questo contributo è il progetto MiraMap del Politecnico di Torino, che utilizza piattaforme collaborative per impegnare i cittadini nella soluzione di problemi relativi all'uso dello spazio pubblico. Questo modello di coinvolgimento democratizza il processo decisionale, ampliando la base di partecipazione e offrendo a ogni cittadino l'opportunità di contribuire alla pianificazione e allo sviluppo urbano.

La formazione, un elemento chiave per il successo dell'integrazione tecnologica nei servizi sociali, deve enfatizzare sia le competenze tecniche che quelle sociali. Le università e le istituzioni professionali sono chiamate a creare programmi che non solo insegnano la tecnologia, ma anche la sua applicazione etica e coerente con i principi del servizio sociale. Collaborazioni tra mondo accademico e professionale sono essenziali per sviluppare una ricerca innovativa che possa essere tradotta in applicazioni pratiche, generando sinergie che guidino il progresso in campi diversi.

L'impatto sociale e la sostenibilità delle tecnologie avanzate, compresa l'intelligenza artificiale, possono rispondere efficacemente ai 17 obiettivi di sviluppo sostenibile dell'ONU. Miglioramenti nella salute, nell'ambiente e in altri ambiti critici possono essere facilitati da strategie tecnologiche che espandono il coinvolgimento dei lavoratori nelle decisioni aziendali e spostano gli incentivi verso la formazione continua del capitale umano. Ciò non solo potenzia le economie locali, ma anche promuove un progresso sociale sostenibile e inclusivo.

Progetti significativi in questo contesto si distinguono per l'approccio integrato, che vede nella tecnologia un facilitatore imprescindibile per il cambiamento sociale. Offrendo soluzioni innovative a problemi complessi, tali iniziative esemplificano come l'uso responsabile e consapevole delle tecnologie digitali possa diventare la chiave di volta per affrontare le sfide contemporanee che minacciano il progresso umano e ambientale. Mentre il mondo affronta sfide sempre più complesse, la capacità di implementare tecnologie per il bene sociale diventa cruciale per garantire miglioramenti tangibili nelle vite delle persone e nei contesti comunitari.

Il processo di integrare la tecnologia nel servizio sociale richiede quindi una governance attenta e un piano strategico che coinvolga stakeholder a tutti i livelli. È fondamentale che vi sia un allineamento tra i fornitori di tecnologia, i beneficiari e gli enti regolatori per garantire che gli sviluppi tecnologici siano accessibili e offrano soluzioni reali. Tutto questo deve essere sostenuto da politiche pubbliche che incoraggino l'innovazione e ne regolino l'uso in modo etico e inclusivo.

La nuova generazione è al timone di questa trasformazione, mostrando una propensione naturale verso l'adozione di soluzioni digitali che parlano il linguaggio della loro esperienza quotidiana. I giovani, attraverso consapevolezza e motivazione, stanno assumendo la leadership in progetti che valorizzano l'inclusività e l'equità sociale. Rappresentano la forza trainante dietro iniziative che ridisegnano il modo in cui concepiamo il bene sociale, dimostrando che la tecnologia può e deve essere utilizzata come strumento per l'emancipazione e l'equità.

L'esempio di queste iniziative diventa un manuale d'istruzione per altre realtà che cercano di emulare i successi ottenuti, mostrando come un mix di innovazione e compassione possa realmente trasformare società e comunità. Ogni progetto di tecnologia sociale d'impatto contribuisce a creare un panorama più giusto e sostenibile, traducendo le aspirazioni in realtà concrete attraverso azioni mirate ed efficaci.

In definitiva, mentre la tecnologia continua a evolversi e a pervadere ogni aspetto delle nostre esistenze, diventa imperativo che i suoi sviluppi siano orientati verso il bene comune. Le iniziative di successo nel campo della tecnologia per il bene sociale non solo rispondono ai bisogni attuali, ma contribuiscono a stabilire un modello sostenibile di innovazione che abbraccia la diversità e promuove il benessere globale. Questi progetti, guidati dalla nuova generazione, non solo indicano la direzione di un futuro migliore, ma dimostrano che il futuro è già iniziato.

Educazione e Consapevolezza

Nell'attuale mondo digitale, l'educazione e la consapevolezza sono elementi fondamentali per formare una generazione capace non solo di adattarsi ai rapidi cambiamenti tecnologici, ma anche di plasmarli. La trasformazione dei modelli educativi tradizionali in approcci più integrati e flessibili rappresenta uno dei compiti più urgenti e ambiziosi di questo secolo. L'idea di un'"Extended School" nasce come risposta all'esigenza di integrarsi con modalità di apprendimento che uniscono presenza fisica e digitale, rendendo l'istruzione più accessibile, coinvolgente e personalizzata.

La pandemia di COVID-19 ha agito da catalizzatore, dimostrando la necessità di un sistema educativo che possa funzionare efficacemente sia in presenza che a distanza. Le tecnologie digitali sono diventate il veicolo principale per garantire la continuità didattica, ma hanno anche sollevato nuove sfide, sottolineando l'importanza di avere un'infrastruttura adeguata e un corpo docente preparato a sfruttare al meglio le potenzialità del digitale. Questo cambiamento rappresenta un'opportunità per ripensare il ruolo dell'educazione, spingendola oltre le aule tradizionali verso un paradigma che privilegia l'apprendimento continuo e ubiquitario.

Dotare i giovani delle competenze tecnologiche necessarie è essenziale affinché possano navigare e prosperare nella società contemporanea. Educare al digitale significa insegnare non solo l'uso tecnico degli strumenti, ma sviluppare anche un pensiero critico che permetta di valutare e utilizzare le informazioni in modo consapevole. L'educazione digitale deve includere la comprensione dei concetti di sicurezza online, privacy e di etica digitale, promuovendo una cultura della responsabilità nell'uso delle risorse tecnologiche. Competenze come la creatività e la capacità di risolvere problemi in maniera innovativa sono abilità preziose che il digitale può potenziare.

L'accesso a risorse educative globali grazie a Internet amplifica le opportunità di apprendimento, abbattendo le barriere geografiche e culturali. Gli studenti possono ora accedere a un vasto panorama di testi, corsi online e materiali didattici che ampliano le loro prospettive e conoscenze oltre i limiti del loro contesto locale. Questo arricchimento, tuttavia, richiede anche un orientamento adeguato per navigare tra la miriade di informazioni disponibili e selezionare quelle più pertinenti e affidabili.

La consapevolezza digitale include anche un approccio etico e responsabile nell'interazione online. Crescere in un ambiente digitale comporta sfide etiche e morali che devono essere affrontate tramite adeguate regolamentazioni e programmi di formazione. I giovani devono essere informati riguardo ai pericoli della rete, come il cyberbullismo e l'uso improprio dei dati personali, per creare una cultura in cui la sicurezza e l'integrità siano valori condivisi e protetti.

Il rischio di esclusione digitale è una minaccia reale che può amplificare le disuguaglianze sociali ed economiche. Garantire un accesso equo alle tecnologie è fondamentale per prevenire che le nuove forme di analfabetismo digitale escludano interi segmenti della popolazione dalla partecipazione attiva nella società. Gli interventi educativi devono mirare a colmare queste lacune, fornendo risorse e supporto ai più svantaggiati, per permettere a tutti di fruire dei benefici della rivoluzione digitale.

L'educazione digitale dovrebbe anche promuovere un rapporto equilibrato e consapevole con la tecnologia. Troppo spesso, l'uso eccessivo di strumenti digitali può portare a problemi di attenzione, stress e dipendenze tecnologiche. Educare al rispetto dei limiti, all'uso moderato e consapevole dei dispositivi è una componente chiave per evitare che la tecnologia diventi una gabbia, piuttosto che uno strumento di liberazione. Questo equilibrio consente ai giovani di mantenere il controllo sulle tecnologie, usandole come leva per la crescita personale e collettiva.

In definitiva, preparare le nuove generazioni a interagire con la tecnologia in modo competente e sicuro è una responsabilità che riposa sia su educatori che legislatori. Solo attraverso un'educazione attenta e inclusiva possiamo dotare i giovani degli strumenti per costruire un futuro in cui la tecnologia sia al servizio dell'umanità, e non viceversa. In un mondo dove il cambiamento è la norma, la capacità di adattarsi proattivamente e di usare la tecnologia per risolvere i problemi sociali sarà una competenza inestimabile. Promuovere l'integrazione e l'inclusione digitale non è solo un obbligo morale, ma una necessità per garantire un progresso realmente equo e sostenibile.

Bilanciare Online e Offline

Nel mondo contemporaneo, la linea di demarcazione tra ciò che è online e offline si è resa sempre più sfumata, portando alla necessità di un equilibrio attento e consapevole. L'identità personale oggi si costruisce e si esprime in parte significativa attraverso la rete, offrendo opportunità uniche per esplorare sé stessi e relazionarsi con gli altri. Tuttavia, la possibilità di costruire identità multiple e gestire relazioni online può portare a una discrepanza con l'identità offline, influendo sulla fiducia e sulla stabilità delle relazioni interpersonali.

Le piattaforme sociali ampliano la nostra rete sociale e offrono mezzi potenti per l'espressione personale, consentendo di connettersi con una gamma diversificata di persone. Tuttavia, questo vasto mondo virtuale può anche dare adito a comportamenti negativi, come l'aggressività e il bullismo. Mentre la visibilità e l'accessibilità possono rafforzare le amicizie e allargare gli orizzonti culturali, possono altresì esporre gli individui a dinamiche sociali poco salutari, richiedendo una gestione attenta e consapevole delle interazioni online.

Il tempo trascorso online gioca un ruolo critico nel plasmare la salute mentale e sociale, particolarmente per le giovani generazioni. La Generazione Z, in particolare, trascorre una quantità considerevole di tempo davanti a uno schermo, con molti giovani che passano oltre cinque ore al giorno connessi, il che può avere ripercussioni sulla salute mentale e sulle competenze sociali. Le interazioni faccia a faccia rimangono fondamentali per lo sviluppo di relazioni autentiche e per la costruzione di solide basi emotive, aspetti cruciali per il benessere individuale e collettivo.

Per affrontare queste sfide, gli strumenti di autocontrollo digitale stanno diventando risorse preziose. Iniziative come Digital Wellbeing di Google sono progettate per aiutare gli utenti a monitorare e gestire il tempo trascorso online. Questi strumenti permettono agli individui di mantenere una maggiore autonomia e controllo sul loro uso della tecnologia, favorendo un equilibrio tra attività online e offline. Il senso di controllo ottenuto può aumentare l'autonomia e la capacità di concentrarsi su obiettivi significativi al di fuori del mondo digitale.

Una cultura digitale critica è essenziale per promuovere un uso equilibrato e consapevole della tecnologia. Le relazioni umane basate sull'interazione fisica e diretta restano indispensabili per il mantenimento della salute emotiva e del benessere complessivo. Le connessioni virtuali offrono un'incredibile opportunità di costruire nuove amicizie e rafforzare legami esistenti, ma è importante stabilire e rispettare limiti chiari riguardo alla condivisione e all'uso delle informazioni personali. Tali limiti proteggono la privacy e prevengono la dipendenza da interazioni superficiali.

Promuovere un'educazione digitale che fornisca strumenti per una fruizione responsabile della tecnologia è fondamentale per la società moderna. Educare le nuove generazioni a valutare criticamente le informazioni online e a gestire il proprio tempo e le proprie risorse digitali prepara una base solida per una vita equilibrata e produttiva. È attraverso la consapevolezza dell'uso tecnologico che si può garantire un ruolo attivo e positivo degli individui in una società sempre più dipendente dalle interconnessioni digitali.

Il bilanciamento tra online e offline diventa dunque una componente cruciale della crescita personale e della partecipazione sociale. Trovare e mantenere questo equilibrio richiede non solo strumenti e risorse, ma anche un impegno continuo per verificare che le esperienze digitali arricchiscano la vita senza dominarla. Incentivare la comunicazione sincera e il contatto umano, parallelamente all'uso cosciente degli strumenti digitali, consente di cogliere i benefici del mondo tecnologico, mitigando al tempo stesso i suoi rischi.

Il futuro delle nuove generazioni dipenderà in larga misura dalla loro capacità di navigare tra le opportunità offerte dalla tecnologia e le necessità del vivere armonioso. Una gestione saggia dell'equilibrio tra ambienti online e reali fornisce una struttura essenziale su cui costruire individui forti, relazioni autentiche e, infine, una società più equilibrata e sana. Sostenere queste pratiche aiuterà la transizione verso un mondo in cui il benessere digitale è parte integrante di un benessere più ampio, portando a un miglioramento di tutte le sfere della vita umana.

Arte e Innovazione

Fusione tra Moda e Tecnologia

La fusione tra moda e tecnologia sta apportando una rivoluzione significativa all'interno dell'industria della moda, creando un connubio tra creatività e innovazione che ridefinisce il modo in cui percepiamo e utilizziamo l'abbigliamento. I tessuti intelligenti sono al centro di questo cambiamento. Progettati per adattarsi e rispondere attivamente ai bisogni fisiologici dei consumatori, questi tessuti sono in grado di regolare autonomamente la temperatura corporea e rispondere ai movimenti, offrendo un livello di comfort mai sperimentato prima.

La creazione di accessori come cinture e dispositivi indossabili rappresenta un altro passo avanti nella coniugazione dello stile con il benessere. Questi accessori non solo soddisfano esigenze estetiche, ma anche funzionali, come la correzione della postura attraverso vibrazioni o segnali acustici. Tali innovazioni migliorano la qualità della vita e la salute fisica, riducendo tensioni muscolari e prevenendo eventuali dolori.

La sostenibilità è un altro ambito in cui la tecnologia si intreccia con la moda, grazie anche al supporto dell'intelligenza artificiale (IA). L'IA contribuisce significativamente a rendere il mondo della moda più sostenibile, facilitando una gestione ottimizzata delle risorse e una riduzione degli sprechi. L'intelligenza artificiale permette previsioni più accurate della domanda, minimizzando la sovrapproduzione e quindi l'impatto ambientale. Inoltre, l'uso dell'IA nel design ecocompatibile facilita uno sviluppo di prodotti che rispetta l'ambiente, permettendo di integrare i principi della "slow fashion" in tutta la catena di produzione.

La slow fashion, che promuove un approccio consapevole e duraturo alla moda, si avvale di metodi d'analisi predittiva per ridurre l'eccesso di scorte, diminuire le emissioni e garantire una distribuzione equa e sostenibile delle risorse. Questo approccio olistico, sostenuto dalla tecnologia, rappresenta un mutamento di paradigma per l'industria della moda, che si dirige verso un futuro in cui l'impegno ambientale e l'innovazione sono centrali.

La realtà aumentata (AR) sta rivoluzionando l'esperienza dell'acquisto, offrendo ai clienti una nuova dimensione in cui interagire con la moda. Gli utenti possono oggi provare virtualmente i capi attraverso specchi potenziati da AR direttamente nei camerini o tramite app, osservando come diversi abiti possano valorizzare il loro look senza mai doversi cambiare fisicamente. Questa tecnologia arricchisce l'esperienza d'acquisto, rendendola non solo più conveniente, ma anche personalizzata e interattiva.

Per i designer, l'AR rappresenta un'opportunità senza precedenti di visualizzare e modificare le loro collezioni in un ambiente tridimensionale. Questa capacità di iterare rapidamente consente agli stilisti di sperimentare con nuove idee e vedere immediatamente come si traducono nel mondo reale, aprendo la strada a una rivoluzione nel processo creativo e di design. L'innovazione tecnologica in questo settore spinge i limiti dell'immaginazione, portando alla nascita di stili futuristici che uniscono estetica e funzionalità in modi unici.

Le istituzioni formative, consapevoli delle nuove competenze richieste da un'industria in rapida evoluzione, stanno aggiornando i loro programmi per includere tematiche contemporanee quali moda sostenibile, tecnologie indossabili e digital fashion. Corsi e workshop che esplorano la moda digitale e la realtà aumentata offrono agli studenti la possibilità di sviluppare una comprensione approfondita delle intersezioni tra design e tecnologia, preparandoli meglio per le future carriere nel settore.

Questo cambiamento non rappresenta solo una tendenza o un fenomeno temporaneo, ma segna una trasformazione duratura nei valori fondamentali dell'industria della moda. Con la tecnologia che diventa un fattore abilitatore chiave, la moda è in grado di rispondere in modo più efficace ai bisogni individuali e alle sfide globali. Mentre i consumatori cercano soluzioni che riflettano una maggiore responsabilità ambientale e sociale, l'integrazione di tecnologia avanzata nell'abbigliamento si dimostra una risposta adeguata e d'avanguardia.

La fusione tra moda e tecnologia introduce un futuro in cui l'abbigliamento non è più solo una forma di espressione personale, ma diventa anche un veicolo per migliorare la nostra salute, sostenibilità e qualità di vita. Offre alla prossima generazione un campo di opportunità in cui la creatività incontra la scienza, creando prodotti che non solo abbelliscono ma arricchiscono anche l'esperienza quotidiana. Questo scenario promette un futuro in cui ognuno può partecipare a un'economia della moda che è tanto creativa quanto responsabile, portando luce su un nuovo modo di concepire e vivere l'abbigliamento.

Esplorazione Digitale

L'esplorazione digitale sta trasformando radicalmente il panorama artistico contemporaneo, creando un universo di possibilità che si estendono ben oltre i confini delle pratiche tradizionali. Gli artisti digitali utilizzano una gamma variegata di strumenti multimediali per innovare e reinterpretare arte concettuale e contenuti visivi. Attraverso software avanzati, i creatori possono manipolare dati, dipingere nel regno digitale, o progettare sculture virtuali che rispondono a una logica algoritmica. Questa libertà espressiva consente l'esplorazione di concetti complessi e dinamismi unici che riflettono un'epoca interamente legata alla tecnologia.

Una delle espressioni più significative della creatività digitale è la Computer Art, che sfrutta la potenza degli algoritmi per creare opere interattive e in costante evoluzione. Questa forma d'arte spinge al limite l'idea tradizionale di opere statiche, proponendo pezzi che mutano con il tempo e l'interazione umana. Gli artisti possono così testare i limiti della creatività umana, intrecciandola con processi computazionali che rendono l'arte un fenomeno vivente e personale.

La democratizzazione dell'arte attraverso il digitale ha abbattuto numerose barriere che tradizionalmente limitavano l'accesso alla creazione e alla fruizione artistica. La natura intrinsecamente globale delle piattaforme digitali permette un'immediata distribuzione e condivisione delle opere, consentendo agli artisti emergenti di raggiungere un pubblico vasto e diversificato senza i tradizionali ostacoli economici o geografici. Questa accessibilità amplifica la capacità degli artisti di essere riconosciuti e valutati, promuovendo un dialogo inclusivo e aperto in ambito creativo.

Il mercato dell'arte digitale è stato rivoluzionato dall'introduzione di NFT (Non-Fungible Tokens), aprendo una nuova dimensione nel commercio d'arte. Gli NFT garantiscono unicità e autenticità alle opere digitali, creando un mercato vivace in cui opere possono essere facilmente acquistate, vendute e collezionate. Questa innovazione non solo trasforma l'economia dell'arte, ma ingrana un meccanismo che ne fa una questione di partecipazione attiva del pubblico, offrendo un'esperienza interattiva unica.

L'impiego di tecnologie avanzate come la realtà aumentata (AR) e virtuale (VR) sta cambiando il modo in cui interagiamo con l'arte, estendendo l'esperienza visiva a dimensioni immersive che trascendono i limiti fisici dei musei e delle gallerie. Queste tecnologie offrono al pubblico la possibilità di esplorare e partecipare attivamente al processo creativo, generando nuove forme di coinvolgimento culturale e artistico. L'intelligenza artificiale (AI) aggiunge un'altra dimensione, introducendo nuove dinamiche nel processo creativo e sollevando dibattiti su autorialità e l'intento artistico.

La conservazione e digitalizzazione del patrimonio artistico sono state facilitate dalle innovazioni delle startup nel settore Art Tech, che sviluppano tecnologie per la digitalizzazione ad alta risoluzione delle opere d'arte. Questo processo garantisce una conservazione a lungo termine che preserva l'integrità delle opere, rendendole accessibili globalmente e superando i limiti del tempo e dello spazio fisico. La digitalizzazione permette a spettatori in ogni angolo del mondo di fruire di opere artistiche, democratizzando l'accesso alla cultura e al patrimonio storico.

La società beneficia di questo processo di digitalizzazione artistica che rende il patrimonio più accessibile e fruibile su vasta scala. Il superamento delle barriere spaziali e temporali offre nuove opportunità per coltivare una cultura più inclusiva e interattiva. La digitalizzazione non soltanto promuove la conservazione delle opere storiche, ma incoraggia anche la creazione di nuove narrazioni culturali adattate ai tempi moderni.

Guardando al futuro, si prevede che il mercato dell'arte digitale continuerà a espandersi, supportato dall'integrazione di NFT, blockchain e intelligenza artificiale. Queste tecnologie non solo alimentano la crescita economica del settore, ma stimolano anche innovazioni nel processo creativo e distributivo che riflettono le esigenze di un pubblico moderno. Per sostenere e valorizzare adeguatamente l'arte digitale, è necessaria una collaborazione continua tra artisti, critici, collezionisti e pubblico. Questo dialogo aperto potrà garantire che le opere digitali ricevano il riconoscimento e il supporto che merecano nel contesto culturale contemporaneo.

In sintesi, l'esplorazione digitale nell'arte e innovazione rappresenta una nuova frontiera che non solo amplia le possibilità espressive, ma reimmagina il ruolo dell'arte nella società. Le tendenze emergenti, sostenute dalla continua evoluzione tecnologica, promettono di ridefinire le interazioni tra creatori e spettatori, espandendo la fruibilità dell'arte ben oltre i canoni tradizionali e contribuendo a una cultura sempre più condivisa e interconnessa. Queste dinamiche offrono alla nuova generazione una piattaforma per innovare e ridefinire il panorama artistico, riflettendo un futuro dove l'arte digitale è parte integrante della vita quotidiana e della cultura globale.

Esibizioni Virtuali

Le esibizioni virtuali stanno emergendo come un'innovativa frontiera nel mondo dell'arte, trasformando le modalità con cui l'arte viene creata, esposta e percepita. Le tecnologie immersive, come la realtà virtuale (VR) e la realtà aumentata (AR), rappresentano il cuore di questa rivoluzione. Queste tecnologie consentono agli artisti di superare i limiti fisici e materiali tradizionalmente associati alla creazione artistica. Attraverso installazioni interattive, sculture digitali e performance virtuali, gli artisti possono così esplorare nuovi territori espressivi, sfidando le convenzioni artistiche e ridisegnando i confini della creatività.

La VR e l'AR offrono esperienze uniche non solo per gli artisti, ma anche per il pubblico. Le esibizioni virtuali rendono l'arte accessibile a un pubblico globale, abbattendo barriere geografiche ed economiche che spesso impediscono l'accesso alle opere d'arte tradizionali. Visitare una mostra virtuale richiede semplicemente una connessione internet, rendendo l'esperienza accessibile a chiunque, in qualsiasi parte del mondo. Questa democratizzazione dell'arte non solo amplia il suo pubblico potenziale, ma arricchisce anche la forma e la forza delle narrazioni artistiche.

Le esibizioni virtuali offrono nuove forme di espressione artistica. Una delle innovazioni più notevoli è il "volumismo", una corrente che unisce elementi di scultura e pittura nello spazio virtuale, creando opere tridimensionali che esistono solo nel mondo digitale. Esperienze immersive, come il videomapping e le installazioni multisensoriali, stanno ridefinendo l'arte contemporanea, arricchendo il paesaggio artistico con dimensioni interattive e coinvolgenti. Queste nuove piattaforme artistiche stimolano non solo l'immaginazione, ma anche l'interazione, invitando il pubblico a diventare parte integrante dell'opera.

I segnali del passaggio verso un'era d'arte digitale sono ovunque. L'Atelier des Lumières di Parigi è un esempio emblematico di come la tecnologia possa trasformare spazi fisici in ambienti artistici immersivi. Attraverso l'uso di proiezioni ad alta risoluzione che coprono pareti e soffitti, il museo crea esperienze visive straordinarie che coinvolgono lo spettatore in un mondo di colore e luce. In Italia, collaborazioni come quella tra AnotheReality e la Veneranda Fabbrica del Duomo di Milano imprimono un significato nuovo alla realtà del nostro patrimonio culturale, offrendo percorsi che permettono di esplorare digitalmente la storia e la costruzione di monumenti iconici.

Le esibizioni virtuali non solo innovano la modalità di fruizione dell'arte, ma arricchiscono anche il contesto culturale ed educativo in cui queste opere vengono inserite. Con la possibilità di esplorare a fondo le opere d'arte e il loro contesto storico e culturale, gli studenti e gli appassionati d'arte possono vivere esperienze educative più profonde e significative. Questa accessibilità favorisce un più ampio dialogo culturale e una maggiore comprensione delle tradizioni e delle innovazioni artistiche.

Il mercato della realtà aumentata e virtuale è in continua espansione, con previsioni che stimano una crescita fino a 305 miliardi di dollari entro il 2026. Questo rappresenta un'opportunità significativa per il mondo dell'arte e della cultura, aprendo nuovi orizzonti per esibizioni sempre più immersive e interattive. Le possibilità offerte dalla tecnologia continuano a espandersi, promettendo di ridefinire permanentemente il panorama dell'arte contemporanea, offrendo nuove possibilità espressive e ampliando il pubblico potenziale in modi mai visti prima.

La crescita delle esibizioni virtuali segnala un cambiamento significativo nella percezione e nella fruizione dell'arte. Mentre da un lato rappresenta una sfida per le istituzioni artistiche tradizionali, dall'altro crea opportunità senza precedenti per artisti e curatori. L'integrazione della tecnologia nel mondo dell'arte richiede una ri-valutazione dei criteri tradizionali di giudizio estetico e di valutazione delle esperienze artistiche, aprendo un dibattito su come questi nuovi media possono coesistere e arricchire le pratiche espositive tradizionali.

In sintesi, le esibizioni virtuali rappresentano una delle evoluzioni più eccitanti e promettenti nel campo dell'arte contemporanea. Ridefiniscono il modo in cui l'arte viene creata, esposta e fruita, offrendo nuove opportunità per una nuova generazione di artisti e appassionati d'arte. La capacità di superare i limiti fisici e di espandere l'accesso all'arte a livello globale ha conseguenze profonde sia sull'esperienza estetica sia sul panorama culturale, rendendo le esibizioni virtuali un elemento cruciale del futuro dell'arte e dell'innovazione culturale.

Educazione e Consapevolezza

Integrazione Tecnologica

L'integrazione tecnologica nell'educazione sta trasformando in modo radicale il modo in cui i giovani apprendono e interagiscono con il mondo. Riconoscendo l'importanza di questo cambiamento, molti sistemi educativi si sono impegnati nell'integrare tecnologia avanzata nei curricula scolastici, creando un ambiente di apprendimento più dinamico ed equo. L'educazione digitale si pone come un pilastro fondamentale nella preparazione della nuova generazione, fornendo agli studenti le abilità necessarie per orientarsi in un mondo sempre più digitalizzato.

Un aspetto cruciale di questo processo è l'insegnamento del benessere emotivo e della gestione dei rischi legati all'uso eccessivo della tecnologia. Gli studenti devono essere educati non solo a utilizzare strumenti digitali, ma anche a comprenderne l'impatto sulla loro salute mentale e sociale. Attraverso programmi educativi mirati, possono sviluppare una consapevolezza critica che li aiuta a gestire in modo equilibrato e responsabile la loro vita online e offline.

Le tecnologie digitali rappresentano altresì strumenti essenziali per l'innovazione didattica, in grado di colmare disparità educative pregresse. Organismi internazionali come l'OECD e l'UNESCO promuovono l'adozione di modelli educativi supportati dal digitale, non solo per migliorare l'accesso all'istruzione, ma anche per fornire opportunità di apprendimento personalizzate e flessibili. Tali approcci aiutano a ridurre le barriere tradizionali, offrendo uguali opportunità a studenti di diversi background socio-economici.

Incorporare le tecnologie digitali nel curriculum scolastico richiede un approccio equilibrato e critico. Non si tratta di sostituire metodi tradizionali, ma di arricchirli, sfruttando le capacità didattiche e interattive che la tecnologia offre. È fondamentale fornire agli studenti non solo gli strumenti, ma anche la formazione necessaria per utilizzarli in modo consapevole e responsabile. Questo implica anche educare al pensiero critico, affinché possano valutare l'informazione ricevuta e navigare in un mondo digitale complesso e sovraffollato di dati.

La pedagogia dell'informazione si fonda sull'acquisizione di competenze cognitive, critiche e digitali. Formare studenti a reperire, valutare e utilizzare in maniera intelligente le risorse disponibili è essenziale per preparare cittadini consapevoli e competenti in un'era dominata dai dati. Questo approccio educativo va oltre la semplice trasmissione di contenuti, incoraggiando un'analisi critica e una consapevolezza che li rendano capaci di partecipare attivamente alla società democratica.

Nonostante le sfide, come la dipendenza dai dispositivi e la potenziale erosione delle interazioni sociali tradizionali, le tecnologie digitali offrono enormi opportunità. La pandemia ha accelerato l'adozione di questi strumenti, mettendo in luce non solo le difficoltà ma anche il potenziale di un'istruzione più adattabile e accessibile. L'apprendimento può diventare più inclusivo e personalizzato, permettendo ad ogni studente di progredire secondo le proprie capacità e i propri interessi.

L'importanza della consapevolezza nella gestione della tecnologia deve essere inculcata fin dalla giovane età. Gli educatori, supportati da psicologi e esperti, hanno il compito di formare i giovani a un uso sano e cosciente della tecnologia, prevenendo la dipendenza e promuovendo comportamenti responsabili. Attraverso un approccio che integri conoscenze tecnologiche e pedagogiche, gli studenti possono acquisire la capacità di utilizzare le tecnologie per favorire la loro crescita personale e il proprio benessere.

Il futuro dell'educazione passa inevitabilmente attraverso un'integrazione competente e responsabile della tecnologia. Solo dotando la nuova generazione di strumenti adeguati e una comprensione profonda del loro uso, garantiamo che diventino non solo utenti della tecnologia, ma innovatori capaci di navigare e plasmare il complesso panorama del domani. Questo richiede un impegno collettivo e continuo per adattare l'insegnamento alle esigenze di un mondo in rapida evoluzione, dando forma a futuri cittadini pronti ad affrontare le sfide globali con intelligenza e impegno.

Risorse Educative

Le risorse educative stanno attraversando un periodo di trasformazione senza precedenti, guidato dalla crescente accessibilità delle tecnologie dell'informazione e della comunicazione. Le Risorse Educative Aperte (OER) si posizionano al centro di questo cambiamento, fornendo contenuti digitali di alta qualità accessibili a chiunque, senza restrizioni commerciali. Queste risorse sono essenziali per promuovere un'istruzione più equa e inclusiva, abbattendo le barriere economiche e geografiche che tradizionalmente limitano l'accesso all'apprendimento. La disponibilità di OER consente agli educatori di personalizzare i materiali didattici per soddisfare le esigenze specifiche dei loro studenti, favorendo un ambiente di apprendimento che è adattabile e inclusivo.

L'educazione socio-emotiva riveste un ruolo crescente nelle scuole come componente cruciale per lo sviluppo delle competenze sociali ed emotive nei giovani. Questo approccio mira a coltivare l'autocoscienza, l'autodisciplina e l'empatia, abilità fondamentali per la costruzione di una cittadinanza globale responsabile. L'educazione socio-emotiva non solo favorisce la felicità individuale e la resilienza, ma promuove anche la partecipazione attiva e consapevole nella società, preparando i giovani a diventare cittadini informati e impegnati. Attraverso programmi mirati, gli studenti imparano a comprendere e gestire le proprie emozioni, nonché a sviluppare relazioni interpersonali positive, il che è essenziale in un'era caratterizzata da rapide trasformazioni e complessità culturali.

La consapevolezza e la conoscenza emergono come pilastri dell'educazione moderna. Le risorse educative contemporanee pongono grande enfasi sulla necessità di dotare i giovani degli strumenti per prendere decisioni consapevoli, basate su una comprensione approfondita dei fatti. In questo contesto, l'educazione va oltre il semplice trasferimento di conoscenze accademiche, diventando un mezzo per instillare un senso critico e una responsabilità personale e sociale negli studenti. Attività educative come la gestione delle emozioni, la pianificazione sostenibile e la partecipazione attiva all'ambiente contribuiscono a creare una coscienza globale orientata alla sostenibilità e all'azione consapevole.

Iniziative come "Arcipelago Educativo" incarnano il potenziale delle risorse educative per espandere l'accesso e migliorare la qualità dell'apprendimento. Offrendo una vasta gamma di risorse gratuite, queste piattaforme supportano l'apprendimento sia in contesti scolastici formali che in modalità a distanza. Laboratori interattivi, giochi educativi e materiali di approfondimento sono pensati per contrastare la povertà educativa e il divario di apprendimento, assicurando che tutti gli studenti abbiano accesso alle stesse opportunità educative. Tali risorse migliorano l'engagement degli studenti, rendendo l'apprendimento un'esperienza stimolante e partecipativa.

I contesti educativi non-formali e informali stanno guadagnando importanza come complementi essenziali delle strutture educative formali. Questi ambienti offrono opportunità di apprendimento flessibili e personalizzate che spesso colmano le lacune lasciate dall'istruzione tradizionale. Favoriscono l'inclusione di soggetti marginalizzati e promuovono l'appartenenza e la cittadinanza attiva. Attraverso attività di volontariato, laboratori comunitari e piattaforme online, i contesti non-formali offrono ai giovani spazi dove esplorare nuove idee, sviluppare competenze pratiche e costruire reti sociali utili per la crescita personale e professionale.

Il principio di accesso equo rappresenta il cuore delle OER e delle risorse educative aperte. In un mondo dove la disuguaglianza educativa è ancora prevalente, queste risorse offrono una soluzione potente per livellare il campo di gioco, riducendo le disparità e promuovendo un'istruzione di qualità per tutti. La possibilità di accedere a materiali di apprendimento senza costi non solo democratizza l'istruzione, ma incoraggia anche un apprendimento autodiretto che può portare a una completa trasformazione personale.

L'enfasi sullo sviluppo socio-emotivo è fondamentale per preparare i giovani a un futuro che richiede empatia, adattabilità e collaborazione. Le competenze socio-emotive sono anche legate a migliori risultati accademici e personale, dato che una mente equilibrata è molto più capace di apprendere e affrontare le sfide in maniera efficace. Queste competenze sono indispensabili non solo per il successo individuale, ma per creare comunità resilienti e un ambiente sociale più armonioso e coeso.

Infine, promuovere consapevolezza e azione attraverso attività educative ben progettate non solo educa, ma ispira i giovani a diventare agenti di cambiamento nel loro mondo. Preparati a pensare criticamente e agire responsabilmente, sono in grado di contribuire al ridisegno del futuro con idee innovative e modelli di sviluppo sostenibile. L'integrazione delle risorse educative in pratiche formative stimola la curiosità e l'impegno, essenziali per costruire una società informata e partecipe.

In prospettiva, l'educazione consapevole e la valorizzazione delle risorse educative aperte offrono un modello sostenibile di apprendimento continuo e inclusivo, essenziale per affrontare le sfide del XXI secolo con competenza e sensibilità. Questi elementi costituiscono la base per una nuova generazione che è non solo pronta, ma determinata a ridisegnare con successo il proprio destino attraverso conoscenza, consapevolezza e una volontà incrollabile di promuovere un cambiamento positivo.

Cittadinanza Digitale

La cittadinanza digitale è diventata un pilastro fondamentale nell'educazione contemporanea, poiché permette ai giovani di navigare nel vasto e complesso mondo digitale con competenza e sicurezza. Questo concetto va al di là del semplice utilizzo della tecnologia, enfatizzando un approccio consapevole e responsabile verso i mezzi di comunicazione virtuali. La capacità critica di discernere tra le informazioni disponibili e la sensibilità ai potenziali rischi associati all'uso di Internet e dei social media sono aspetti essenziali per uno sviluppo sicuro e informato nel contesto digitale.

Le scuole rivestono un ruolo cruciale nel promuovere la cittadinanza digitale. Integrando programmi didattici specifici, gli istituti educativi diventano luoghi in cui i giovani apprendono non solo come utilizzare efficacemente le tecnologie digitali, ma anche come difendere la propria privacy e rispettare quella altrui. L'insegnamento della cybersecurity, dei diritti legati alla proprietà intellettuale e al copyright è fondamentale per garantire che i ragazzi diventino utenti informati e rispettosi delle norme vigenti. Educare i giovani su questi temi aiuta a creare una cultura del rispetto e della sicurezza che si ripercuote positivamente sull'intera società.

Al centro della cittadinanza digitale ci sono le competenze digitali, considerate essenziali per l'apprendimento permanente in un mondo sempre più tecnologico. Il Quadro per le competenze digitali dei cittadini (DigComp) dell'Unione Europea identifica cinque aree chiave: la capacità di comprendere, raccogliere e interpretare dati; le abilità di comunicazione e collaborazione in ambienti digitali; la creazione di contenuti digitali in sicurezza; e la capacità di risolvere problemi utilizzando strumenti digitali. Queste competenze costituiscono un insieme di abilità che facilitano l'adattamento e l'innovazione in un contesto digitale complesso.

Sensibilizzare i giovani sui rischi associati alla presenza online è un passo cruciale per promuovere l'uso responsabile delle tecnologie digitali. Le scuole devono essere proattive nel trattare questi argomenti fin dai primi anni, per prevenire un uso improprio delle tecnologie che potrebbe portare a minacce come il cyberbullismo, la dipendenza digitale e la diffusione di contenuti inappropriati. La consapevolezza dei rischi e la responsabilità digitale aiutano a costruire un ambiente più sicuro e positivo sia per i giovani che per la comunità nel suo insieme.

Esistono importanti implicazioni sociali e culturali legate alla cittadinanza digitale. Essa è profondamente connessa all'educazione civica e alla sostenibilità digitale, in quanto gli strumenti di comunicazione devono essere utilizzati per esercitare i diritti di cittadinanza in modo attivo e consapevole. Evitare di rimanere fruitori passivi significa partecipare attivamente al dialogo e alle decisioni che influenzano il nostro mondo virtuale e reale. La cittadinanza attiva in ambito digitale implica anche un uso responsabile e rispettoso dei mezzi di comunicazione, promuovendo pratiche che favoriscono la crescita personale e collettiva.

Imparare a gestire rischi e opportunità online è fondamentale per garantire una presenza digitale positiva. Mentre le tecnologie offrono potenziali incredibili per l'apprendimento, la comunicazione e l'espressione personale, è essenziale minimizzare i loro aspetti negativi. Contrastare il linguaggio dell'odio e promuovere la sicurezza online sono iniziative chiave per mantenere un ecosistema digitale sano. Gli educatori e le istituzioni devono guidare i giovani nel riconoscere e combattere questi pericoli, incoraggiando comportamenti che costruiscano un ambiente sicuro e inclusivo per tutti gli utenti.

La cittadinanza digitale richiede un approccio educativo integrato che unisca conoscenze tecniche a una profonda comprensione del contesto sociale e culturale in cui le tecnologie digitali operano. Creare una generazione di cittadini digitali consapevoli significa dotarli, fin dalla tenera età, degli strumenti necessari per affrontare le sfide e cogliere le opportunità offerte dal mondo digitale. L'integrazione della cittadinanza digitale nei curricula scolastici rappresenta un investimento nel futuro, preparando i giovani a diventare membri attivi, responsabili e innovativi della società.

Promuovere la cittadinanza digitale è quindi un impegno indispensabile per formare individui capaci di navigare il mondo con competenza e integrità. Attraverso l'educazione al digitale, i giovani possono sviluppare un'intelligenza critica che li supporta nell'uso consapevole delle tecnologie, proteggendo la propria privacy e rispettando quella degli altri. In questo modo, si creano le basi per una comunità digitalmente consapevole e culturalmente sensibile, pronta ad affrontare con responsabilità e creatività le sfide del XXI secolo.

Salute Mentale e Benessere

Impatto delle Tecnologie

Le tecnologie digitali influenzano profondamente la salute mentale e il benessere umano, fungendo contemporaneamente da potenziale risorsa e minaccia. L'incessante evoluzione delle piattaforme digitali e dei dispositivi ha cambiato il modo in cui interagiamo con il mondo e con noi stessi, creando nuove dinamiche psicologiche che richiedono una valutazione attenta.

Uno dei problemi più significativi associati all'uso delle tecnologie digitali è la crescente dipendenza da dispositivi e social media. La continua necessità di restare connessi può alimentare una dipendenza che influisce negativamente sul benessere psicologico. Questo fenomeno è aggravato dal sovraccarico informativo, che bombarda gli individui con un flusso incessante di dati e stimoli. La pressione per essere costantemente reperibili e l'ansia di perdere informazioni possono intensificare sentimenti di stress e preoccupazione, minando la qualità della vita personale e professionale.

L'eccessiva fusione tra vita online e offline rappresenta un'altra sfida significativa. La digitalizzazione ha alterato la natura delle interazioni sociali, compromettendo spesso le relazioni autentiche e il benessere psicologico. L'ubiquità dei social media può esporre gli utenti a esperienze negative, come il confronto sociale e il cyberbullismo, che possono avere effetti deleteri sulla salute mentale. È essenziale riconoscere questi rischi per promuovere strategie di utilizzo che proteggano il benessere individuale.

Tuttavia, le tecnologie digitali offrono anche promettenti soluzioni per migliorare la salute mentale. Le piattaforme di e-mental health stanno guadagnando popolarità come strumenti accessibili e efficaci per fornire supporto psicologico. Terapie online, app dedicate alla salute mentale e gruppi di supporto digitali possono raggiungere ampie popolazioni, riducendo le barriere tradizionali all'accesso ai servizi di salute mentale. Un esempio fondamentale è la terapia cognitivo-comportamentale basata su Internet (iCBT), che si è dimostrata efficace nel trattare una varietà di disturbi psicologici attraverso l'intervento digitale.

La possibilità di erogare interventi di salute mentale da remoto offre un'inclusività senza precedenti. Questi strumenti digitali possono eliminare le difficoltà geografiche, economiche e di tempo che spesso impediscono l'accesso ai trattamenti necessari, rendendo la terapia più accessibile a coloro che ne hanno bisogno. In particolare, le popolazioni rurali o svantaggiate possono beneficiare di questo accesso ampliato, riducendo le disparità esistenti nella cura della salute mentale.

Adottare una gestione consapevole delle tecnologie è fondamentale per sfruttare i lati positivi digitali senza cadere nei loro rischi. Pratiche come la "detox digitale" e una gestione più rigorosa del tempo trascorso online possono aiutare a mantenere un equilibrio tra la vita digitale e quella reale. Stabilire routine che favoriscano il benessere mentale, limitando l'esposizione agli schermi, può contribuire in modo significativo a migliorare la qualità della vita e a ridurre l'affaticamento mentale.

Le innovazioni tecnologiche future, come l'intelligenza artificiale e lo "Spatial Computing", offrono promettenti possibilità per monitorare e gestire la salute mentale in modo ancora più personalizzato ed efficace. Soluzioni tecnologiche avanzate potrebbero consentire una diagnosi precoce, un monitoraggio continuo e interventi tempestivi che migliorano l'efficacia della gestione della salute mentale.

La ricerca è in continua espansione, fornendo nuove intuizioni sui modi migliori per affrontare l'ansia e altri problemi psicologici nel nostro mondo iperconnesso.

Le tecnologie digitali, nella loro capacità di essere sia una sfida sia un'opportunità, richiedono una visione equilibrata nel contesto della salute mentale. Riconoscere i loro potenziali pericoli è essenziale, ma ignorare le loro capacità di migliorare l'accesso e l'efficacia dei servizi di salute mentale sarebbe un errore significativo. La chiave consiste nel promuovere un'educazione consapevole che prepari le persone a utilizzare questi strumenti in modo da potenziare, piuttosto che erodere, il loro benessere psicologico.

In sintesi, la tecnologia digitale offre una dualità di effetti sulla salute mentale che necessita di una gestione attenta e consapevole. Con l'approccio giusto, può divenire un potente alleato nella promozione del benessere e nella fornitura di aiuto a coloro che ne hanno bisogno, facilitando un futuro dove la salute mentale è più facilmente gestibile e monitorabile. L'importanza di un utilizzo ponderato e di strategie efficaci per incorporare la tecnologia nella vita quotidiana è cruciale per garantire che questa generazione, e quelle future, possano vivere piene e soddisfacenti esperienze nel mondo digitale e reale.

Strategie di Coping

Le strategie di coping rappresentano un aspetto fondamentale della salute mentale e del benessere, in quanto forniscono alle persone gli strumenti necessari per affrontare situazioni di stress e avversità. Coping è un termine che indica l'insieme delle strategie adoperate per gestire, ridurre o tollerare le pressioni e le sfide della vita. Riconoscere e sviluppare queste strategie è essenziale, in particolare per la nuova generazione, che si trova ad affrontare un mondo caratterizzato da rapidi cambiamenti e incertezze crescenti.

Le strategie di coping si suddividono principalmente in tre categorie: cognitive, emotive e comportamentali. Le strategie cognitive coinvolgono il modo in cui le persone interpretano e reagiscono mentalmente al loro contesto. Esempi includono la ristrutturazione cognitiva, che aiuta a modificare prospettive negative sulla propria situazione, e il problem solving, che si focalizza sull'identificazione e la risoluzione pragmatica di un problema. Queste strategie cercano di cambiare il modo di pensare per affrontare il problema in maniera più efficace.

Le strategie emotive, invece, sono orientate alla gestione delle emozioni generate dallo stress. Questa categoria comprende attività come l'espressione emotiva, che permette di manifestare e riflettere sulle emozioni, e la ricerca di supporto sociale, un'azione che garantisce un sostegno emotivo da parte di amici e familiari. Mentre queste strategie possono non risolvere direttamente il problema, aiutano a ridurre l'impatto emozionale negativo associato allo stress.

Le strategie comportamentali coinvolgono azioni concrete intraprese per affrontare una situazione stressante. Tra queste possiamo trovare la ricerca di aiuto specializzato o l'adozione di comportamenti di evitamento. Sebbene i comportamenti di evitamento possano offrire un sollievo temporaneo, spesso si rivelano disfunzionali sul lungo termine, poiché impediscono di affrontare il nucleo del problema.

Nel contesto delle strategie di coping efficaci, una distinzione importante è quella tra il problem-focused coping e l'emotion-focused coping. Il primo comporta l'adozione di misure dirette per affrontare o risolvere il problema, mentre il secondo si concentra sul mitigare gli effetti emotivi negativi dello stress. Le strategie di avoidance coping, come ignorare la minaccia o distaccarsi attraverso distrazioni, sebbene possano offrire un sollievo istantaneo, spesso non sono funzionali su lungo periodo e possono portare a complicazioni future.

È ben documentato che strategie di coping efficaci possono avere un impatto significativo sul benessere e sulla salute mentale. Esse migliorano la qualità della vita, riducono stati d'ansia e depressione, e facilitano un migliore adattamento alle sfide del quotidiano. Risorse di coping come un sano ottimismo, il senso di padronanza, un elevato livello di autostima e il supporto sociale giocano un ruolo chiave nell'affrontare lo stress in modo positivo. Questi fattori contribuiscono al potenziamento della resilienza psicologica, che è la capacità di un individuo di adattarsi positivamente a circostanze avverse.

Il concetto di coping è visto come l'interazione dinamica tra l'individuo e l'ambiente, con una risposta adattiva agli stimoli di stress, come proposto dai teorici Lazarus e Folkman. L'efficacia delle strategie di coping dipende dalla personalizzazione delle stesse in base alle esigenze specifiche dell'individuo. Professionisti della salute mentale, come psicologi e specialisti in psiconcologia, lavorano con le persone per sviluppare strategie che si adattino alle loro caratteristiche personali, alle loro esperienze di vita e alle loro ambizioni.

Per la nuova generazione, l'importanza di sviluppare abilità di coping efficaci è maggiore che mai. In un mondo connesso globalmente e in continua evoluzione, le giovani generazioni affrontano sfide uniche che richiedono una capacità di adattamento straordinaria. Sviluppare strategie di coping robuste aiuta a navigare in queste complessità, promuovendo il benessere psicologico a lungo termine e fornendo gli strumenti necessari per reagire efentemente allo stress.

Il ruolo del supporto sociale e dell'autocura è cruciale. Riconoscendo il valore delle relazioni interpersonali, la ricerca di reti di supporto e l'implementazione di pratiche di autocura possono facilitare il coping con lo stress. Il dialogo aperto con amici e specialisti della salute mentale offre opportunità di condivisione e introspezione, essenziali per comprendere e ridefinire le proprie strategie di coping in modo personalizzato ed efficace.

In conclusione, le strategie di coping sono componenti essenziali per la salute mentale e il benessere generale, specialmente per le nuove generazioni che si trovano a fronteggiare un mondo in rapida trasformazione. Promuovere strategie di coping adattive può migliorare significativamente la qualità della vita e fortificare la resilienza psicologica, equipaggiando gli individui con risorse capaci di affrontare le sfide con una mentalità positiva e proattiva. Questi elementi, combinati con una cultura di supporto e comprensione, forniscono una base solida per un futuro più equilibrato e mentalmente sano.

Promuovere la Salute Mentale

La promozione della salute mentale, specialmente tra i giovani, è una priorità che si intreccia inestricabilmente con la loro crescita e sviluppo complessivo. È ormai noto che i primi anni di vita sono determinanti per il benessere mentale, poiché fino al 50% delle patologie psichiatriche dell'adulto ha origine prima dei 14 anni. Questa fase della vita rappresenta un'opportunità critica per implementare azioni che possano prevenire l'insorgenza di disturbi e rafforzare una base psicologica solida, necessaria per affrontare le sfide future.

Il benessere mentale è influenzato da un insieme eterogeneo di fattori, che vanno dagli aspetti organici a quelli socio-emozionali e sociali. Fattori di rischio come lo stress familiare, le difficoltà economiche e l'esposizione a violenza o abuso possono comprometterlo gravemente. Al contrario, fattori protettivi come un ambiente di supporto familiare, relazioni positive con i pari e un senso di sicurezza e di appartenenza possono contribuire a fortificarlo.

Interventi integrati, che coinvolgano scuole, servizi sanitari e comunità, sono essenziali per promuovere abilità personali come l'autostima, l'autoefficacia e la resilienza, capacità che si rivelano decisive per affrontare le avversità.

Le azioni di prevenzione e intervento precoce sono fondamentali per affrontare tempestivamente il disagio psicologico e la possibile insorgenza di patologie psichiatriche nei giovani. La valorizzazione delle capacità individuali, unitamente alla diagnosi e alla presa in carico precoce dei soggetti a rischio, costituiscono pilastri essenziali di un approccio efficace. È cruciale che il supporto sia facilmente accessibile e privo di stigma, per garantire che i giovani ricevano l'assistenza necessaria quando si trovano ad affrontare difficoltà emotive o comportamentali.

In questo panorama, è indispensabile considerare le esigenze specifiche dei gruppi vulnerabili, come migranti e rifugiati. Questi giovani affrontano sfide aggiuntive a causa di esperienze traumatiche e difficoltà nell'integrazione socio-culturale. La creazione di programmi mirati e servizi dedicati, come le iniziative dell'UNICEF in Italia, rappresenta un passo importante per fornire il supporto psicosociale necessario a tali gruppi. Gli sforzi devono focalizzarsi sulla costruzione di una Comunità di Pratiche, coinvolgendo realtà locali impegnate nella salute mentale e nel benessere, per condividere risorse e strategie efficaci.

Progetti innovativi, come "La salute vien parlando" nel Cantone Ticino, pongono l'accento sull'importanza della comunicazione e del dialogo nella promozione della salute mentale. Attraverso l'uso di video-podcast e discussioni aperte, vengono affrontati temi cruciali per il benessere psicologico dei giovani, favorendo un ambiente in cui sia possibile discutere apertamente sentimenti e preoccupazioni. Tali progetti dimostrano il valore della riflessione e del confronto comunitario come strumenti per sensibilizzare e prevenire il disagio mentale.

La pandemia di COVID-19 ha esacerbato molte delle sfide legate alla salute mentale, accentuando l'urgenza di strategie di supporto. L'isolamento sociale, la chiusura delle scuole e l'insicurezza economica hanno avuto un impatto profondo sui giovani, generando un aumento dei sintomi di ansia, depressione e stress. Questa situazione emergenziale ha evidenziato l'importanza di investire in risorse e interventi che possano rispondere efficacemente ai bisogni emergenti, garantendo che nessun giovane venga lasciato indietro.

Affrontare queste sfide richiede un approccio multisettoriale e integrato, che unisca le forze di scuole, servizi sanitari e reti comunitarie. È fondamentale identificare e affrontare tempestivamente i fattori di rischio mentre si valorizzano quelli protettivi, per garantire uno sviluppo psicologico sano e la costruzione di resilienza. In particolare, la nuova generazione necessita di programmi flessibili e adattabili, che possano rispondere alle loro esigenze specifiche e promuovere la consapevolezza della salute mentale.

Investire nella salute mentale dei giovani non è solo un obbligo morale, ma anche una strategia intelligente per costruire una società più forte, sana e resiliente. Quando i giovani sono mentalmente forti e supportati, sono meglio preparati a contribuire positivamente alle loro comunità e a costruire un futuro prospero. L'attenzione e il supporto dedicati a questo ambito possono generare un effetto domino di benefici, migliorando la qualità della vita di intere generazioni e promuovendo un benessere diffuso e sostenibile.

Narrative di Cambiamento

Piattaforme di Storytelling

Le piattaforme di storytelling stanno giocando un ruolo centrale nel plasmare le narrative di cambiamento che caratterizzano il mondo contemporaneo. Il transmedia storytelling rappresenta una delle evoluzioni più interessanti di questo fenomeno, utilizzando una molteplicità di piattaforme mediatiche per raccontare storie che si sviluppano attraverso diversi canali di comunicazione. Questa modalità offre al pubblico un'esperienza narrativa più ricca e immersiva, permettendo a ciascun medium di contribuire con una prospettiva unica, aumentando così la profondità e la complessità della narrazione complessiva. Gli spettatori sono incoraggiati a interagire attivamente con le storie, mantenendo coerenza e continuità tra le diverse piattaforme, rendendo il pubblico non solo ricettore, ma anche parte integrante della narrazione.

Nel contesto giornalistico, le tecniche di storytelling hanno rivoluzionato il modo di presentare le notizie. L'arte di combinare la precisione giornalistica con elementi narrativi coinvolgenti ha reso le notizie più memorabili e capaci di coinvolgere un'audience più vasta. Narrare in prima persona, utilizzare aneddoti e strutturare le notizie con un arco narrativo sono elementi che conferiscono un impatto emotivo alle storie, facilitando l'empatia e il coinvolgimento del lettore. L'era digitale ha ulteriormente ampliato queste possibilità, introducendo il visual e il digital storytelling interattivo. Attraverso infografiche, foto, video e storie interattive, i giornalisti possono offrire rappresentazioni delle notizie che sono visivamente stimolanti e facilmente comprensibili, coinvolgendo il pubblico in modalità innovative e dinamiche.

Il data storytelling sfrutta la potenza dei dati per narrare storie che sono al tempo stesso informate e coinvolgenti. Utilizzando visualizzazioni e infografiche multimediali, questo approccio trasforma numeri e statistiche in racconti che possono emozionare e informare allo stesso tempo. Esempi come il progetto di Estadão illustrano come dati complessi possano essere presentati in una forma che è accessibile e attraente. Questa forma di narrazione non solo facilita la comprensione di temi complessi, ma aumenta anche la trasparenza e la fiducia nella comunicazione delle informazioni.

Lo storytelling non si limita al campo della comunicazione o del giornalismo; esso trova applicazione anche nei contesti educativi e sociali. Viene utilizzato per affrontare temi critici come il cyberbullismo, rendendo i programmi didattici più coinvolgenti e interattivi. Attraverso laboratori di storytelling integrati nei programmi educativi, gli studenti possono esplorare nuove modalità di apprendimento, migliorare le loro capacità di espressione e partecipare attivamente al processo educativo. Questo metodo trasforma l'educazione in un'esperienza più significativa, promuovendo la socializzazione e l'apprendimento attraverso il racconto condiviso di esperienze e storie.

Il potere dello storytelling va oltre le tecniche; esso rappresenta un vero e proprio mindset che plasma il modo in cui individui e organizzazioni costruiscono e condividono la conoscenza. In un mondo in cui viviamo in un continuo flusso di contenuti, le storie diventano fondamentali per creare significato e connettersi con il pubblico. L'abilità di raccontare e interpretare storie è diventata una piattaforma di vita e business, influenzando i modi in cui comunichiamo, creiamo legami e trasmettiamo esperienze personali e professionali. Questa prospettiva orientata alla narrazione facilita l'engagement e il dialogo, creando comunità coese e una cultura di condivisione.

Le narrative di cambiamento che emergono da queste piattaforme e tecniche di storytelling hanno il potenziale di influenzare significativamente il modo in cui concepiamo e affrontiamo le sfide della nostra società. Attraverso storie potenti e coinvolgenti, è possibile promuovere un cambiamento sociale, culturale e ambientale significativo. Il transmedia storytelling, il visual storytelling e il data storytelling offrono nuove modalità per coinvolgere il pubblico in modo immersivo e interattivo, stabilendo una comunicazione che è tanto informativa quanto trasformativa. Queste modalità non solo rendono le informazioni più accessibili, ma intensificano anche l'interazione e l'empatia, facilitando un cambiamento emotivamente significativo.

Lo storytelling ha un impatto cruciale nelle dinamiche educative e sociali, aiutando a sensibilizzare su problemi complessi e promuovere un cambiamento attraverso storie significative e coinvolgenti. Quando usate con competenza, le piattaforme di storytelling diventano potenti strumenti per veicolare narrative di cambiamento, capaci di coinvolgere profondamente il pubblico e di rendere le informazioni non solo accessibili, ma anche indelebili nella memoria collettiva. Questo potere comunicativo alimenta il dialogo, stimola il pensiero critico e favorisce l'azione collettiva verso un futuro migliore.

Comunicare efficacemente per mezzo delle storie è ora più importante che mai, poiché consente alle nuove generazioni di esprimere la propria voce, di ispirare cambiamenti e di creare un impatto duraturo. In un mondo in rapido cambiamento, la capacità di narrare storie che risuonano in maniera universale consente di trasmettere valori e visioni che possono unire e mobilitare le persone verso obiettivi comuni. Le piattaforme di storytelling forniscono dunque le basi su cui costruire un dialogo globale, capace di affrontare le sfide contemporanee con creatività, comprensione e determinazione.

Ispirazione e Motivazione

L'ispirazione e la motivazione sono componenti essenziali di qualsiasi narrativa di cambiamento, in quanto catalizzano il passaggio dall'intenzione all'azione. Il modello transteorico del cambiamento, sviluppato da Prochaska e DiClemente, fornisce una struttura utile per comprendere i processi che guidano le persone attraverso i diversi stadi del cambiamento: precontemplazione, contemplazione, preparazione, azione e mantenimento. In ciascuno di questi stadi, la motivazione dell'individuo assume forme diverse, influenzando direttamente la capacità di abbandonare comportamenti disadattivi e di adottarne di nuovi, più salutari. Questi principi trovano applicazione non solo nella promozione della salute e del benessere personale, ma anche nello sviluppo organizzativo e sociale.

Uno degli elementi chiave della motivazione è la capacità di suddividere obiettivi complessi in piccoli passi concretamente raggiungibili. Quando le persone vedono progressi tangibili e successi immediati, la loro motivazione viene rafforzata, stimolando un ciclo positivo di avanzamento. In questo contesto, lo storytelling si rivela uno strumento potente, in grado di veicolare un senso di ottimismo e sicurezza emotiva. Raccontare storie di successo, sia personali che collettive, aiuta a identificare il "dolore" affrontato e la "morale" della storia, offrendo lezioni preziose che motivano altri a seguire l'esempio.

La leadership gioca un ruolo cruciale nel coltivare la motivazione e l'ispirazione, soprattutto attraverso l'ascolto empatico e la comunicazione trasparente. Un leader che possiede la capacità di ascoltare veramente e rispondere ai bisogni e alle preoccupazioni del proprio team può instillare una profonda fiducia. Questa fiducia, a sua volta, alimenta la motivazione e la dedizione, creando un ambiente in cui i successi e le sfide sono condivisi apertamente. La comunicazione della visione aziendale deve essere chiara e coinvolgente, infondendo un senso di scopo e passione nei dipendenti.

In aggiunta, promuovere il dialogo e la condivisione delle esperienze senza giudizio all'interno delle organizzazioni favorisce un clima di innovazione ed efficacia. Quando i collaboratori sentono di poter esprimere liberamente le loro idee e le loro esperienze, si attiva un processo creativo che porta a nuove soluzioni e approcci. Il benessere personale, anch'esso intimamente legato alla prestazione professionale, può essere coltivato attraverso iniziative mirate come orari di lavoro flessibili o workshop dedicati al benessere. Queste strategie aiutano a mantenere alta la motivazione e contribuiscono a un ambiente di lavoro più sano e produttivo.

Le emozioni e i pensieri suscitati dai progetti di cambiamento giocano un ruolo vitale nel processo motivazionale. Riconoscere e ascoltare queste emozioni è fondamentale, in quanto esse possono rappresentare sia barriere che leve per la motivazione. È essenziale comprendere il contesto culturale, i valori familiari e personali che influenzano la motivazione individuale. Sono questi elementi a determinare ciò che conta realmente per ognuno, orientando i comportamenti e le decisioni. Creando spazi in cui le emozioni possono essere espresse apertamente e senza timore di giudizio, si permette alle persone di allineare le loro azioni ai valori personali, incrementando così la loro determinazione intrinseca.

Infine, è fondamentale per i leader riconoscere che il cambiamento è intrinsecamente legato alla motivazione. Creare un contesto che enfatizza la crescita personale e professionale e che offre il supporto necessario per affrontare le paure è cruciale. Ispirare i giovani a diventare artefici del loro futuro attraverso il potenziamento delle proprie capacità personali e professionali non solo genera motivazione, ma promuove una cultura di empowerment e responsabilità collettiva.

Il potere della narrativa di cambiamento risiede nella sua capacità di trasformare non solo le azioni degli individui, ma anche il tessuto sociale più ampio. Attraverso una comunicazione efficace e l'uso abile di tecniche di storytelling, è possibile influenzare positivamente atteggiamenti e comportamenti. In un'epoca caratterizzata da rapidi cambiamenti e sfide globali, il ruolo dell'ispirazione e della motivazione diventa ancora più cruciale. Costruire narrazioni che risuonano a livello emotivo, che guidano il cambiamento e che coinvolgono le persone in un processo di trasformazione condiviso costituisce un potente strumento per generare impatto e costruire un futuro più prospero e sostenibile.

In sintesi, l'ispirazione e la motivazione sono elementi cardine in qualsiasi processo di cambiamento. Attraverso una leadership empatica e la condivisione di visioni forti e storie di successo, è possibile mobilitare le persone verso obiettivi comuni, promuovendo azioni che conducono a un miglioramento reale e tangibile delle loro vite e del mondo che le circonda. Questi concetti costituiscono la base di una narrativa di cambiamento che guarda avanti con ottimismo e determinazione.

Narrative Globali

Le narrative globali stanno assumendo un ruolo essenziale nel plasmare il mondo contemporaneo, fungendo da catalizzatori di cambiamenti sociali e politici. Queste narrative possiedono un potere intrinseco di influenzare l'opinione pubblica e incanalare le politiche verso direzioni che rispondano meglio alle esigenze emergenti delle società globalizzate. Iniziative come il Global Narrative Hive mirano a mettere in connessione e rafforzare attivisti e organizzazioni della società civile, consentendo loro di sviluppare e utilizzare strategie narrative in maniera efficace per promuovere un cambiamento sistemico.

La forza delle narrative sta anche nella loro capacità di suscitare empatia e promuovere l'educazione. Entità come Narrative 4 impiegano il potere del racconto per coltivare nei giovani competenze culturali e un impegno civico. Attraverso lo storytelling, gli studenti non solo apprendono a vedere il mondo attraverso gli occhi degli altri, ma sono anche incoraggiati a fare la differenza nelle loro comunità, motivati dall'interconnessione emotiva e dal desiderio di apportare miglioramenti tangibili nel loro contesto.

Le narrative globali trovano applicazione nelle grandi sfide contemporanee, come il cambiamento climatico, la fragilità statale e le crisi dei rifugiati. Per affrontare questi temi complessi è cruciale formulare narrative che non solo rispecchiano la gravità della situazione, ma che siano anche capaci di conquistare il sostegno bipartisan. Questo richiede storie che parlano tanto ai decisori politici quanto al pubblico in generale, costruendo un consenso che superi le divisioni politiche e sociali, permettendo l'adozione di politiche realmente efficaci e condivise.

Nel settore della salute globale, le narrative tradizionali hanno mostrato i loro limiti, rivelando la necessità di nuove storie capaci di ridare vitalità al settore. Un rinnovamento delle narrative in questo campo significa abbandonare strategie ormai usurate per abbracciare approcci più innovativi e inclusivi, che sappiano rispondere con flessibilità alle esigenze contemporanee, facilitando così una migliore accessibilità e qualità dei servizi sanitari globali.

L'integrazione tecnologica è un ulteriore aspetto che caratterizza le narrative moderne, specialmente quando applicata a modelli pedagogici basati sulla narrazione. Tecnologie come l'intelligenza artificiale possono potenziare l'apprendimento e l'interazione, trasformando le esperienze educative in qualcosa di più coinvolgente. Questa integrazione è particolarmente rilevante nel contesto della Quarta Rivoluzione Industriale, dove l'educazione deve adattarsi a un mondo in continuo cambiamento, promuovendo un apprendimento permanente che valorizzi narrativamente i percorsi formativi.

I giovani stanno sfruttando sempre più le narrative per guidare il cambiamento sociale e affrontare le sfide globali. Attraverso storie appassionate e basate sui fatti, riescono a sensibilizzare l'opinione pubblica e a mobilitare movimenti in grado di operare trasformazioni significative. Le narrative permettono loro di affrontare con maggiore efficacia questioni che vanno dal riscaldamento globale all'ingiustizia sociale, offrendo una piattaforma dalla quale poter costruire un futuro più giusto e sostenibile.

L'uso di storytelling e di approcci narrativi nell'educazione sta diventando sempre più centrale per coltivare empatia e competenza culturale nelle nuove generazioni. Questo metodologia promuove l'apprendimento attivo e partecipativo, dove gli studenti sono chiamati a riflettere e interagire sulle storie, piuttosto che recepire passivamente le informazioni. Tale coinvolgimento rafforza le competenze civiche e prepara i giovani a essere cittadini del mondo, consapevoli non solo del potere delle proprie storie, ma anche di come queste possano essere utilizzate per costruire ponti tra culture diverse.

Per quanto riguarda la salute globale, introdurre nuove narrative è fondamentale per mantenere rilevanza e efficacia nelle risposte ai problemi emergenti. Storie convincenti e ben articole devono mettere in luce le necessità locali nel contesto globale, promuovendo soluzioni sostenibili e inclusività nel sistema sanitario. Queste narrative dovrebbero non solo informare, ma anche ispirare azioni concrete volte a migliorare la salute delle popolazioni in tutto il mondo.

Inoltre, le narrative devono essere costruite tenendo conto della necessità di una forte adesione bipartisan e di un consenso globale. Offrendo soluzioni che parlino a cittadini, politici e operatori sociali in egual misura, le narrative globali hanno il potere di superare le barriere politiche e sociali, promuovendo una collaborazione più ampia e coordinata. Questo implica la creazione di storie che non soltanto informano, ma uniscono, stimolando un impegno comune verso obiettivi condivisi di sviluppo sostenibile e giustizia globale.

In conclusione, le narrative globali stanno giocando un ruolo chiave nel ridefinire il futuro. Attraverso un uso innovativo della narrazione, supportata da tecnologie avanzate e integrata nei contesti educativi e sociali, si apre la strada a una nuova era di comunicazione e cambiamento. I giovani, in particolare, sono al centro di questo processo, utilizzando le storie per amplificare la loro voce e guidare il mondo verso un futuro più equo e inclusivo, affrontando con determinazione e creatività le sfide del nostro tempo. Queste narrative non solo raccontano chi siamo, ma plasmano anche chi potremmo essere, ispirando un cambiamento che è tanto necessario quanto inevitabile.

Sostenibilità e Innovazione

Soluzioni Verdi

Nel contesto della sostenibilità e dell'innovazione, le soluzioni verdi emergono come elementi cruciali per garantire un futuro rispettoso delle risorse del pianeta. La tecnologia verde, nota anche come green technology, si posiziona al centro di questo cambiamento, introducendo metodi avanzati e rispettosi dell'ambiente che mirano a ridurre l'impatto ecologico delle attività umane. Un campo in cui queste innovazioni si stanno dimostrando particolarmente efficaci è l'agricoltura di precisione, che utilizza droni, sensori e avanzate analisi dei dati per ottimizzare l'uso delle risorse naturali. Questo approccio non solo incrementa la produttività agricola, ma riduce anche la dipendenza da sostanze chimiche dannose, contribuendo a una coltivazione più sostenibile.

L'intelligenza artificiale è un altro pilastro della tecnologia verde, con applicazioni che spaziano dall'ottimizzazione dell'uso delle risorse naturali alla riduzione delle emissioni di CO_2, fino alla promozione dell'economia circolare. Sistemi di IA avanzati sono in grado di analizzare enormi quantità di dati per identificare pattern e soluzioni che migliorano l'efficienza energetica e il riciclo dei materiali. Tuttavia, l'adozione responsabile dell'IA richiede un'attenta gestione delle sfide etiche e del consumo energetico legato alla sua implementazione.

La logistica sostenibile rappresenta un'altra area di grande attenzione. Grazie all'introduzione di veicoli elettrici autonomi e software di ottimizzazione delle rotte, le operazioni logistiche stanno diventando sempre più efficienti e meno impattanti sull'ambiente. Parallelamente, l'uso di piattaforme blockchain garantisce tracciabilità e trasparenza lungo tutta la catena di approvvigionamento, riducendo sprechi e promuovendo pratiche di riutilizzo e riciclo che sono fondamentali per la logistica sostenibile.

L'utilizzo di materiali naturali e riciclati nell'architettura e nell'eco-design contribuisce in modo significativo alla riduzione dell'impronta ambientale delle costruzioni. Questi materiali, oltre a proteggere l'ambiente, migliorano il benessere abitativo, promuovendo soluzioni che sono al contempo estetiche e funzionali. Gli edifici costruiti con questi principi non solo consumano meno risorse, ma anche offrono ambienti di vita più salubri per gli abitanti, integrando sostenibilità e qualità della vita.

La gestione dei rifiuti e delle risorse idriche si trova anch'essa al centro delle innovazioni verdi. Sviluppi tecnologici nella gestione dei rifiuti includono sistemi automatizzati per la raccolta e il riciclaggio, mentre nel settore idrico, tecnologie come la desalinizzazione solare e il trattamento avanzato delle acque reflue stanno migliorando l'uso sostenibile di questa risorsa fondamentale. Queste soluzioni non solo riducono gli impatti ambientali, ma garantiscono anche un approvvigionamento idrico sicuro per le comunità, essenziale in un'epoca caratterizzata da cambiamenti climatici e scarsità d'acqua.

Le aziende giocano un ruolo fondamentale nell'adozione e nella promozione delle soluzioni verdi. Molte imprese stanno introducendo iniziative mirate a ridurre le emissioni di gas serra e ottimizzare le catene di approvvigionamento per ridurre i rifiuti. Il coinvolgimento diretto dei dipendenti attraverso programmi di formazione e incentivi assume un'importanza fondamentale. Dipendenti informati e motivati sono risorse chiave per promuovere una cultura di responsabilità ambientale all'interno dell'organizzazione, contribuendo a una trasformazione che coinvolge tutte le aree aziendali.

La strada verso un futuro sostenibile passa attraverso l'adozione su larga scala di queste soluzioni verdi, che non solo migliorano l'efficienza delle operazioni ma anche contribuiscono a costruire un mondo più equo e prospero. Le nuove generazioni, in particolare, stanno emergendo come attori di cambiamento, guidando l'innovazione verso pratiche più responsabili e sostenibili. Questo impegno non solo migliora l'efficienza operativa delle organizzazioni, ma incoraggia anche la creazione di un ambiente globale più rispettoso e armonioso.

Le soluzioni verdi, supportate dallo slancio delle nuove generazioni e da un rinnovato interesse globale per la sostenibilità, offrono un modello per un progresso in equilibrio con il nostro pianeta. La combinazione di tecnologie avanzate, pratiche di economia circolare e una gestione consapevole delle risorse rappresenta una visione di futuro che è al contempo vibrante e sostenibile, indicando la via verso un domani in cui crescita economica e rispetto ambientale procedono mano nella mano.

Economia Circolare

L'economia circolare si configura come un paradigma rivoluzionario che promette di superare i limiti intrinseci del tradizionale modello economico lineare "prendi-produci-smaltisci". Questo sistema compost, abbandona la concezione di rifiuto come fine del ciclo produttivo, proponendo al suo posto un approccio più sostenibile e rigenerativo. L'essenza dell'economia circolare risiede nella massimizzazione del riuso, della riparazione, della ri-manifattura e del riciclo, per creare un ciclo chiuso che riduce al minimo l'utilizzo di risorse nuove e la produzione di rifiuti. In questo contesto, le risorse vengono continuamente reintrodotte nel ciclo produttivo, riducendo l'impatto ambientale e preservando nel contempo il valore economico delle materie prime.

L'innovazione è al centro della transizione verso l'economia circolare. Lo sviluppo tecnologico, ad esempio, gioca un ruolo chiave nel promuovere questo nuovo modello. Strumenti come il Life Cycle Assessment (LCA) permettono di valutare i processi e i prodotti lungo tutto il loro ciclo di vita, identificando opportunità per ridurre l'impatto ambientale complessivo. Questo approccio consente alle aziende di ripensare il design dei propri prodotti, favorendo pratiche come il disassemblaggio e il recupero dei materiali, per facilitare il loro ritorno nel ciclo produttivo sotto nuove forme. Oltre agli strumenti tecnici, è fondamentale che tale innovazione sia supportata da modelli di business che integrino la circolarità come valore fondamentale.

Elementi essenziali per la realizzazione dell'economia circolare sono le competenze e la formazione. Team qualificati e competenti sono necessari per identificare e sfruttare le potenzialità di innovazione, valutando gli impatti ambientali ed economici delle nuove strategie. Formazione continua e specializzazione in eco-design, ingegneria dei materiali e gestione delle risorse sono fondamentali per alimentare la filiera dell'economia circolare con professionisti capaci di guidare e realizzare il cambiamento. La creazione di conoscenze specifiche facilita l'emergere di nuovi scenari produttivi che incorporano la circolarità fin dalle fasi preliminari di progettazione.

Il panorama delle startup e dell'imprenditorialità evidenzia un crescente interesse per l'economia circolare. Giovani imprenditori vedono in questo modello un'opportunità per sviluppare attività sostenibili e competitive. Iniziative di supporto, come acceleratori di business e percorsi formativi mirati, stanno emergendo per supportare questa nuova generazione di imprenditori, fornendo risorse e competenze necessarie per scalare progetti innovativi. Queste iniziative non solo promuovono la sostenibilità ma creano anche nuovi posti di lavoro, stimolando l'economia attraverso approcci che coniugano profitto e rispetto ambientale.

La collaborazione e la simbiosi industriale sono concetti fondamentali per il successo dell'economia circolare. La condivisione di risorse, esperienze e best practice tra aziende può ottimizzare l'uso delle materie prime e migliorare il ciclo produttivo nel suo complesso. Questo tipo di collaborazione consente una migliore gestione dei flussi di risorse e promuove una cultura di circolarità più radicata, dove gli scarti di un processo diventano input per un altro. Organizzazioni che integrano effettivamente questi principi possono generare valore aggiunto, migliorando la loro competitività e diminuendo il loro impatto ambientale.

Esempi di applicazione pratica di questi concetti possono essere osservati in aziende come Eni, che ha integrato i principi circolari nelle sue strategie aziendali. Attraverso lo sviluppo di prodotti come quelli della gamma Versalis Revive®, che includono materiali ottenuti da riciclo meccanico, Eni sta dimostrando come l'adozione di un approccio circolare possa ridurre il consumo di materie prime vergini e decrementare la produzione di rifiuti, mantenendo alti standard di qualità e innovazione.

L'economia circolare non è semplicemente un'idea progressista, ma una necessità per affrontare le pressanti sfide ambientali del presente. Con una popolazione mondiale in crescita e un pianeta dalle risorse finite, passare a un modello economico che massimizza l'uso delle risorse disponibili non è solo sostenibile, è essenziale. Le tecnologie innovative e la formazione specializzata giocano un ruolo fondamentale nel rendere questo modello operativo e scalabile. Le aziende devono intraprendere un percorso di trasformazione che anziché considerare il rifiuto come costo, lo veda come risorsa.

La generazione emergente di imprenditori e leader è chiamata a guidare questo cambiamento, utilizzando l'innovazione per ridisegnare un futuro in cui i cicli produttivi sono pensati per durare e riutilizzarsi costantemente. Attraverso collaborazione, tecnologia e una visione chiara, è possibile costruire un'economia che non solo rispetta l'ambiente ma lo arricchisce, garantendo prosperità e benessere a lungo termine. Questo cambiamento di paradigma promette di creare un sistema economico che non contrappone sviluppo e sostenibilità, ma li unisce in un percorso condiviso di crescita e rinnovo.

Inclusione e Diversità

La promozione dell'inclusione e della diversità si erge come pilastro fondamentale per le aziende moderne che mirano a prosperare in un contesto di crescente sostenibilità e innovazione. Questi temi non solo riflettono un impegno etico e sociale, ma rappresentano altresì strategie aziendali essenziali per costruire ambienti di lavoro più giusti, resilienti e creativi. Nei moderni contesti aziendali, inclusion e diversità vengono riconosciuti come risorse chiave che potenziano la produttività globale dell'impresa, stimolano il pensiero innovativo e rafforzano la reputazione aziendale, posizionando le organizzazioni all'avanguardia nell'ambito della responsabilità sociale e ambientale.

Nel panorama attuale, le aziende stanno adottando una serie di strategie mirate a integrare inclusione e diversità nelle loro operazioni e culture organizzative. Enel, tra gli altri, ha fatto da pioniera integrando questi principi nelle proprie strategie di sostenibilità. Pubblicando politiche specifiche e creando unità dedicate alla gestione della diversità e dell'inclusione, l'azienda ha posto una solida base per coltivare un ambiente di lavoro diversificato e inclusivo. Tali politiche non solo rimuovono barriere e discriminazioni, ma promuovono anche un clima lavorativo in cui ogni individuo può esprimere appieno il proprio potenziale, contribuendo alla vitalità e alla crescita della collettività aziendale.

L'innovazione digitale emerge come una leva cruciale per accelerare il cambiamento economico e sociale, riducendo le disuguaglianze e promuovendo la sostenibilità. Le soluzioni digitali non solo facilitano l'adozione di pratiche di economia circolare, ma supportano anche la decarbonizzazione, contribuendo a raggiungere gli ambiziosi obiettivi del Green Deal europeo e allineandosi all'Agenda 2030 delle Nazioni Unite. In questo contesto, lo sviluppo di tecnologie sostenibili si intreccia con politiche di inclusione per creare modelli operativi più equi e accessibili per tutte le parti coinvolte.

Le strategie aziendali orientate all'inclusione e diversità devono inoltre essere in sintonia con gli Obiettivi di Sviluppo Sostenibile (SDGs) dell'Agenda 2030. Questo impegno include non solo la creazione di ambienti di lavoro che rispecchiano l'importanza di uno sviluppo sostenibile e inclusivo, ma anche l'elaborazione di programmi che traducono questi ideali in azioni concrete. Tali programmi possono spaziare dalla formazione continua dei dipendenti su temi di diversità, alla creazione di spazi di lavoro che incoraggiano la collaborazione interculturale, fino al supporto di iniziative comunitarie che promuovono l'inclusione sociale su larga scala.

La promozione di inclusione e diversità ha un impatto tangibile sull'andamento e sulle performance delle aziende. Creare un ambiente di lavoro inclusivo è fondamentale non solo per attrarre talenti da diversi background, ma anche per garantire che questi talenti siano valorizzati e possano prosperare. Le aziende che si impegnano attivamente in queste pratiche tendono a godere di maggiore creatività e innovazione, poiché un mix diversificato di idee e prospettive arricchisce il processo decisionale. Inoltre, una reputazione di inclusività accresce la fiducia dei clienti e delle comunità, consolidando il legame tra l'azienda e i suoi stakeholder.

Esempi di best practice dimostrano come le aziende possano trarre benefici concreti da politiche di inclusione e diversità. INWIT, ad esempio, ha integrato la sostenibilità e la diversità nella sua strategia aziendale a lungo termine, ricevendo riconoscimenti internazionali per un'ambiente lavorativo inclusivo e innovativo. Tali riconoscimenti non solo riflettono il successo nel creare un ambiente di lavoro rispettoso e gratificante, ma fungono anche da forte messaggio verso l'esterno, comunicando l'impegno dell'azienda verso un futuro più equo e sostenibile.

Implementare strategie di inclusione e diversità risulta dunque non solo desiderabile, ma strategicamente vantaggioso. Creare politiche efficaci non è un processo immediato, ma richiede un impegno continuativo per analizzare, comprendere e migliorare le pratiche aziendali esistenti. Promuovendo una cultura all'insegna della diversità e dell'inclusione, le aziende si pongono in una posizione unica per guidare il cambiamento in modo significativo, non solo massimizzando la loro produttività interna, ma contribuendo attivamente a un sistema economico e sociale più equo e rigenerativo.

L'ascesa della nuova generazione di imprenditori e leader, particolarmente sensibili ai temi di inclusione e diversità, segna un passaggio cruciale verso un futuro più sostenibile. Questo gruppo porta con sé una visione in cui le differenze sono celebrate come aggreganti e motivatrici, riconoscendo che l'effettiva inclusione non solo arricchisce l'ambiente di lavoro, ma stimola anche l'allineamento agli ideali globali di sostenibilità. Con la loro energia e la loro prospettiva unica, questi giovani sono destinati a ridefinire le regole del mondo imprenditoriale, utilizzando l'innovazione per creare un quadro che abbraccia differenze, stimola la creatività e promuove un cambiamento sociale duraturo.